中等职业学校以工作过程为导向课程改革实验项目
旅游服务与管理专业核心课程系列教材

旅游突发事件的预防和处理

韩 琼 主 编
杨文尧 主 审

机 械 工 业 出 版 社

本书是北京市教育委员会实施的“北京市中等职业学校以工作过程为导向课程改革实验项目”的旅游服务与管理专业系列教材之一，依据北京市教育委员会与北京教育科学研究院组织编写的“北京市中等职业学校以工作过程为导向课程改革实验项目”旅游服务与管理专业教学指导方案和核心课程标准，同时参照相关国家职业标准编写而成。

本书根据“旅游突发事件的预防和处理”这一典型职业活动特点、中等职业学校学生的认知水平和职业能力形成规律，安排了三大类突发事件作为学习单元，内容为旅游意外事件的预防和处理、旅游安全事故的处理、突发自然灾害的应对。这三个学习单元是并列关系，学生可分类学习，掌握不同突发事件的应变措施和应急处理方法。

本书可作为中等职业学校旅游服务与管理专业及相关专业的教材。

图书在版编目（CIP）数据

旅游突发事件的预防和处理/韩琼主编．—北京：机械工业出版社，2016.1

中等职业学校以工作过程为导向课程改革实验项目 旅游服务与管理专业核心课程系列教材

ISBN 978-7-111-52675-9

Ⅰ.①游… Ⅱ.①韩… Ⅲ.①旅游业—突发事件—公共管理—中等专业学校—教材 Ⅳ.①F59

中国版本图书馆 CIP 数据核字（2016）第 002885 号

机械工业出版社（北京市百万庄大街 22 号 邮政编码 100037）
策划编辑：聂志磊 责任编辑：陈 曦 王 慧
责任校对：马丽婷 封面设计：路恩中
责任印制：李 洋
北京机工印刷厂印刷（三河市南杨庄国丰装订厂装订）
2016 年 1 月第 1 版第 1 次印刷
184mm×260mm · 6.25 印张 · 150 千字
标准书号：ISBN 978-7-111-52675-9
定价：18.00 元

凡购本书，如有缺页、倒页、脱页，由本社发行部调换

电话服务
服务咨询热线：010-88379833
读者购书热线：010-88379649

网络服务
机工官网：www.cmpbook.com
机工官博：weibo.com/cmp1952
教育服务网：www.cmpedu.com
金书网：www.golden-book.com

北京市中等职业学校工作过程导向课程教材编写委员会

旅游服务与管理专业教材编写委员会

编写说明

为更好地满足首都经济社会发展对中等职业人才的需求，增强职业教育对经济和社会发展的服务能力，北京市教育委员会在广泛调研的基础上，深入贯彻落实《国务院关于大力发展职业教育的决定》及《北京市人民政府关于大力发展职业教育的决定》文件精神，于2008年启动了“北京市中等职业学校以工作过程为导向课程改革实验项目”，旨在探索以工作过程为导向的课程开发模式，构建理论实践一体化、与职业资格标准相融合，具有首都特色、职教特点的中等职业教育课程体系和课程实施、评价及管理的有效途径和方法，不断提高技能型人才的培养质量，为北京率先基本实现教育现代化提供优质服务。

历时五年，在北京市教育委员会的领导下，各专业课程改革团队学习、借鉴先进课程理念，校企合作共同确立了对接岗位需求和职业标准，建构了以学生为主体、以综合职业能力培养为核心、理论实践一体化的课程体系，开发了汽车运用与维修等17个专业教学指导方案及232门专业核心课程标准，并在32所中职学校、41个试点专业进行了改革实践，在课程设计、资源建设、课程实施、学业评价、教学管理等多方面取得了丰富成果。

为了进一步深化和推动课程改革，推广改革成果，北京市教育委员会委托北京教育科学研究院全面负责17个专业核心课程教材的编写及出版工作。北京教育科学研究院组建了教材编写委员会和专家指导组，在专家和出版社编辑的指导下有计划、按步骤、保质量地完成了教材编写工作。

本套教材在编写过程中，得到了北京市教育委员会领导的大力支持，得到了所有参与课程改革实验项目学校领导和教师的积极参与，得到了企业专家和课程专家的全力帮助，得到了出版社领导和编辑的大力配合，在此一并表示感谢。

希望本套教材能为各中等职业学校推进课程改革提供有益的服务与支撑，也恳请广大教师、专家批评指正，以利进一步完善。

北京教育科学研究院

二〇一三年七月

前 言

preface

本书是北京市教育委员会实施的“北京市中等职业学校以工作过程为导向课程改革实验项目”的旅游服务与管理专业系列教材之一，依据北京市教育委员会和北京教育与科学研究院组织编写的“北京市中等职业学校以工作过程为导向课程改革实验项目”的旅游服务与管理专业教学指导方案、旅游服务与管理专业核心课程标准，并参照国家相关职业标准编写而成。

“旅游突发事件的预防和处理”是中等职业学校的旅游服务与管理专业开设的一门专业核心课程，是由“突发事件的预防和处理”这一导游工作过程中的典型职业活动直接转化而来的一门课程，具有较强的操作性和实践性。本课程是“接送团服务”和“游览服务”的后续课程，旨在使学生在掌握了正常、规范的导游员带团业务程序及服务质量标准之后，能对旅游过程中的各类突发事件采取相应的应对措施，做出恰当的紧急处理。

本书依据“旅游突发事件的预防和处理”这一典型职业活动的特点以及中等职业学校学生的认知水平和职业能力形成规律，打破了以往以知识体系为主线的编排模式，策划学习单元，组织学习活动，以典型工作任务为载体，在任务步骤开展中研习导游员在面对各类突发事件时所应具备的知识、能力、方法和技巧，体现了在教学中教师主导、学生主体、在做中学、在学中做的新理念。

为了能够使学生在“做”中学到突发事件的预防和处理的知识、技能，形成周密考虑、快速判断的应急意识，培养其现场恰当应急处置、后续周到服务的应急处理能力，提高其应变服务水平，本书安排了三个学习单元，分别是旅游意外事件的预防和处理、旅游安全事故的处理、突发自然灾害的应对。三个单元之间是并列关系。在每个学习单元中又包括若干学习任务，所有学习任务都以典型案例为载体，基本按照“了解情况——分析判断——现场处理——后续服务——做好预防”的活动步骤展开，能够体现相对完整的工作过程；不同的学习任务，不同的学习内容，相同的学习步骤，不断强化学生的应急意识和应变思维的培养，强化学生对技能的掌握。本书还根据课程内容特点和实际工作中对导游员的要求，补充了大量旅游突发事件中导游员需了解的相关知识、行业规定、急救常识等，还提供了部分实际案例作为新闻阅读，增强学生对突发事件处理和预防的重视度，提高对导游员岗位职责的认识，强化学生的综合职业素质。

本书的教学实施建议采用案例教学法和任务驱动法，通过对案例的分析、完成任务，使学生掌握各类旅游突发事件的处理方法和预防措施。建议参考学时为72课时。

本书由北京国际职业学校韩琼任主编，负责拟定大纲和前言、编写第一单元；由杨文尧任主审；参与编写的还有北京国际职业教育学校施志文，负责第二、第三单元及附录的编写工作。在本书的编写过程中，得到了北京新都国际旅行社副总经理徐经仪先生的指导，在此表示感谢，同时特别致谢北京市课改专家杨文尧、晋秉筠的悉心指导！

为方便教学，本书配备了助教课件，凡选用本书作为教材的教师均可登录机械工业出版社教材服务网（http://www.cmpedu.com）免费下载。欢迎广大教师加入中职旅游教师交流群（333103358）分享教学资源和教学经验。

由于编者水平有限，书中难免存在疏漏之处，敬请广大读者批评指正。

编　者

目录

Contents

学习单元一

UNIT 1

旅游意外事件的预防和处理

LVYOU YIWAI SHIJIAN DE YUFANG HE CHULI

单元导读

旅游意外事件是指在旅游过程中，发生的各种意外事件，包括漏接、空接、错接，旅游计划变更，误机、误车，旅游者证件、行李、物品遗失或被盗，旅游者走失、受伤、患病等。这些都是旅游活动中常见的突发事件，导游人员应认真对待，采取正确、恰当的处理措施，妥善处理，保证旅游活动的顺利进行。

通过本单元的学习，你将提高对旅游活动中常见问题和意外事件发生的应变处理能力和防范意识，还将获得处理问题的经验和适用的技巧。

单元目标

1．初步具备预防和处理漏接、空接、错接事故的能力
2．初步具备预防和处理误机、误车事故及旅游计划变更的能力
3．初步具备预防和处理证件、行李、物品遗失事故的能力
4．初步具备预防和处理旅游者走失、伤病、死亡事故的能力
5．能够按照正确的工作程序和急救常识处理旅游过程中常见的意外事件
6．能运用所学知识在分清事故性质的基础上灵活分析并解决问题

任务一　漏接、空接、错接旅游团的预防和处理

任务说明

导游员在实际的接站工作中，会遇到三种特殊的情况，即：漏接、空接、错接。

漏接是指旅游团抵达机场、车站，没有导游员接团的现象。这会造成旅游团原地滞留、活动受阻，影响行程等一系列麻烦。

空接是指导游员按预定计划前往机场、车站接站，但没有接到旅游团的现象。空接虽然不经常出现，但一旦发生，往往是一个棘手的问题，一步没处理好，就会环环出错。

错接是指导游员接了不应该由他接的旅游团的现象。错接是责任事故，是由于导游员责任心不强、粗心大意造成的。

本任务中设计了漏接、空接、错接三个活动，通过这三个活动，让同学们感受到当出现这三种接站事故时，作为导游员要积极发挥自己的聪明才智和主观能动性，迅速了解准确信息和情况，尽快做出分析判断，按照正确操作流程做出恰当的现场处理，并能积极提供好后续服务。同时，针对可提前预防的漏接和错接事故，导游员必须严格按照导游服务

程序和质量标准提高接站服务，做到有效预防，尽量减少责任事故的发生。

活动一　漏接事故的预防和处理

活动目标

1．了解漏接旅游团的原因，掌握漏接的预防措施

2．能正确处理旅游团的漏接事故

活动案例

某团于21：00飞抵海口机场，出站后旅游者们发现没有任何人前来迎接，在等待了近一小时后，导游员才匆匆赶来，并解释说是旅行社计调部的安排环节出了问题。旅游者们不听解释，依然怒气冲天。如果你是该导游，该如何处理这一问题？

活动步骤

步骤一：了解情况

（1）旅游团抵达了机场，但导游员却因故没有前来迎接，造成了漏接事故。

（2）旅游团的行李已经领取，客人已经全部出站。

（3）旅游团出站后等待导游员前来接站的时间较长，有明显的抱怨情绪，给导游员的服务工作带来较大难度。

步骤二：分析判断

1．判断事故发生的原因

（1）旅游团如果是按照原定计划抵达机场，那说明导游员迟到了，没有按照接站服务标准和工作程序提前做好接站准备。

造成导游员接站迟到的原因有多种。例如，看错或记错了接站的日期、时间，搞错了接站地点；或是路上遇到了塞车、交通管制等。总而言之，导游员没能按规定时间提前抵达接站地点，或是没有在时间安排上留有余地。

（2）旅游团如果没有按照原定计划抵达机场而是改变了行程和航班，提前抵达了目的地，那说明导游员并不知情，有可能是上一站接待社忘了通知本站行程变更的消息，也有可能是本站接待社的计调部忘了通知导游员。

2．判断事故的性质

漏接事故可以分为责任事故和非责任事故。

（1）责任事故：因导游员（地陪）自身原因导致的漏接，如导游员迟到了。

（2）非责任事故：非导游员（地陪）本人原因导致的漏接。

3．分析事故发生后的实际困难

（1）旅游团抵达机场的时间是晚上21:00，领取行李耗时约45分钟，出站等待导游员近1小时，导游员赶到时应接近23:00，此时全团旅游者都已经非常疲惫困倦。

（2）因漏接事故的发生，旅游者非常不满，对导游员及所代表旅行社的后续服务会直接产生怀疑和抵触的心理。

（3）从机场到下榻酒店还有一段车程，到酒店需要办理入住手续，旅游者入住并得到休息还需要一段时间。导游员在这一段时间里的接站服务工作务必要迅速、高效、快捷，

否则会激化旅游者的不满。

步骤三：现场处理

1. 态度诚恳，认真对待

如果是外来因素造成的漏接，导游员要实事求是地向旅游者做好解释，说明情况，消除误解；如果是导游员自身责任导致的漏接，更应该诚恳地赔礼道歉，以求得旅游者的谅解。

【服务锦囊】

（1）当导游员得知旅游团已抵达目的地时，必须立即赶去与旅游团会合，不能有任何拖延和怠慢。

（2）导游员为了化解矛盾和消除误解而做的解释或道歉都需要视实际情况而定，了解并分析旅游团成员的心理，恰当适度地表达，才会收到令人满意的效果，不能一概而论或模式化处理，否则会适得其反。

2. 快速处理，提供热情周到的服务

(1) 快速无误地清点旅游团成员的行李，提醒带好随身物品，带领团队前往乘车处。

(2) 请接团司机尽量使车辆靠近乘客出站地点，缩短旅游者拖带行李步行的距离和时间，在此过程中注意帮助老人、孩子及女士。

(3) 致简短欢迎词，再次对漏接表达歉意，预报车程和下榻酒店名称，由于时间很晚并且旅游者非常疲乏，可征求旅游者同意之后省略首次沿途导游讲解，让旅游者安静休息。

【服务锦囊】

如果是白天发生的漏接，旅游者接下来还有旅游行程的安排，导游员务必做好精彩的首次沿途导游讲解，转移旅游者的注意力，消除不满情绪，调动旅游者的游览积极性。

(4) 途中与下榻酒店联系，核实并落实房间，确保无误。

(5) 快速办理入住手续，尽快让旅游者入住房间休息。

3. 支付必要费用

如果旅游者因等不到导游员，而乘坐出租车前往下榻的饭店，导游员应主动支付相应的费用。

步骤四：后续服务

(1) 提供热情周到的导游服务，杜绝因导游员自身原因引发的责任事故发生。

(2) 提前做好预防和安排，防止其他意外事故的发生。

(3) 严格按照导游员服务工作程序和质量要求做好服务工作。

步骤五：做好预防

1. 认真审阅接待计划

导游人员接站前，一定要详细审阅接待计划，并与计调人员联系，问清是否有计划外通知。

2. 做到三核实

接站前要与机场、车站联系，最好与上一站接待旅行社联系，做好计划时间、时刻表时间、问询时间三核实，还要核实确切的接站地点。

3. 提前半小时到达接站地点

提前做好安排，预留路程所需的充裕时间，认真确认接站地点，至少提前半小时抵达接站地点。

4．迎接旅游团

站在醒目位置，举接站牌迎接旅游团。

特别提示

以上的预防措施都是地陪工作程序中关于接站服务的质量标准，这其实是在告诉我们，只要在接团的各个环节，严格按照规章制度办事，遵守导游服务程序和质量标准，就可以杜绝责任事故的发生。

【知识链接】

作为导游员，要尽可能地熟悉并清楚国际国内航班在北京首都机场航站楼停靠的准确信息，避免在接站工作中出现失误。北京首都国际机场航站楼查询表详见表1-1。

表1-1　北京首都国际机场航站楼查询表

1号航站楼航空公司名单	
CN 大新华航空有限公司	GS 大新华快运航空有限公司
JD 金鹿航空有限公司	HU 海南航空公司（国内航班）
京沪空中快线（大新华航班）	
2号航站楼航空公司名单	
MU 中国东方航空公司	ZH 深圳航空公司
OQ 重庆航空公司	京沪空中快线（东航、南航、海航航班）
KE 大韩航空公司	SU 俄罗斯国际航空公司
KL 荷兰皇家航空公司	JS 朝鲜航空公司
ET 埃塞俄比亚航空股份公司	E3 多莫杰多沃航空公司
GA 印度尼西亚鹰航空公司	UM 津巴布韦航空公司
MH 马来西亚航空公司	FV 普尔科沃航空公司/俄罗斯国家航空公司
T5 土库曼斯坦航空公司	HY 乌兹别克航空公司
H8 远东航空公司	HZ 萨哈林航空公司
CZ 中国南方航空公司	EU 鹰联航空公司
HU 海南航空公司（国际航班）	MF 厦门航空公司
CO 大陆航空公司	AF 法国航空公司
NW 西北航空公司(美)	KC 阿斯塔纳航空公司
PK 巴基斯坦航空公司	PR 菲律宾航空公司
XF 海参崴航空公司	7B 克拉斯诺亚尔斯克航空公司
OM 蒙古航空公司	UL 斯里兰卡航空公司
VV 乌克兰空中世界航空公司	IR 伊朗国家航空公司
VN 越南航空公司	
3号航站楼航空公司名单 Terminal 3 Airlines List	
CA 中国国际航空公司	FM 上海航空公司
京沪空中快线(国航、上航航班)	OS 奥地利航空公司
LH 德意志汉莎航空公司	AC 加拿大航空公司
NH 全日空航空公司	MS 埃及航空公司
SQ 新加坡航空公司	CX 国泰航空公司
BA 英国航空公司	KA 港龙航空公司
LY 以色列航空公司	S7 俄罗斯新西伯利亚航空公司
LO 波兰航空公司	SC 山东航空公司

（续）

3号航站楼航空公司名单	
3U 四川航空公司	SK 北欧航空公司
OZ 韩亚航空公司	UA 美国联合航空公司
TK 土耳其航空公司	TG 泰国国际航空公司
AY 芬兰航空公司	QF 澳大利亚澳洲航空公司
JL 日本航空公司	EK 阿联酋航空公司
QR 卡塔尔航空公司	NX 澳门航空公司
EY 阿联酋阿提哈德航空公司	CI 台湾中华航空公司
BR 长荣航空公司	AE 华信航空公司
NZ 新西兰航空公司	

活动二　空接事故的预防和处理

活动目标

了解空接旅游团的原因，能正确处理旅游团的空接事故。

活动案例

某旅游团计划于2月5日乘CA××××航班从A市飞抵B市，导游员小孟按接待计划上的时间前往机场，该航班飞机准时抵达，但小孟却未能接到此旅游团。试分析小孟未接到该团的原因。如果你是小孟，你该如何处理？

活动步骤

步骤一：了解情况

（1）导游员按预定计划前往机场接站，航班准时抵达，但导游员却没有接到旅游团，空接事故已经发生。

（2）导游员需要确认自己没有接到该旅游团调整活动日程或是取消行程的通知。

（3）及时与组团社、地接社、入住酒店联系，了解旅游团的情况，是否出现了行程的调整或是取消。

步骤二：分析判断

1．分析空接发生的原因

（1）旅游团乘坐交通工具准时抵达，但导游员没有接到旅游者。

1）旅游团在上一站误了飞机、火车，或上一站旅行社改变了旅游团的行程或改换了交通工具，但没有及时通知本站地接社。

2）通知了本站地接社，但计调部没有及时通知导游员。

3）旅游者（主要是散客）因生病、急事，临时取消旅游计划，但没有及时通知旅行社，造成空接。

（2）旅游团乘坐交通工具没有正常抵达，故导游员没有接到旅游者。

1）气候的突然变化或机械故障，导致飞机没有起飞或滞留在途中某地，上一站旅行社不了解情况，也就无法通知本站地接社。

2）上一站旅行社了解情况，但因应对突发事件，无暇顾及通知本站地接社。

3）上一站旅行社已经通知本站地接社，但地接社没能及时通知导游员。

2．判断事故的性质

无论交通工具是否准时抵达，旅游者没有按预定计划抵达，发生了变更，但这种变更的信息由于种种原因，没有通知到导游员，故空接事故纯属非责任事故。

3．分析事故发生后的实际困难

旅游团没有按照预定计划抵达，行程发生了变更，原预订的住房、用餐、用车、旅游日程、交通票证等都会受其影响。导游员要在掌握准确信息之后，提前做好相关准备和安排，避免旅游者或旅行社在经济上蒙受较大损失。

步骤三：现场处理

1．与下榻饭店联系，排除漏接

飞机、火车准时抵达，导游员接不到旅游团（者）时，首先应排除漏接的可能。与旅游团下榻的饭店联系，核实旅游团是否自行到了饭店；如果旅游者已经提前到达，则按漏接事故处理。

2．报告旅行社，请其协助查明原因

立即与地接社联系，请其查明旅游团未到的原因。

3．原地等候，准备接站

若旅游团推迟抵达时间不长，导游员要在机场、车站原地等候，准备接站。

步骤四：后续服务

1．旅游团（者）推迟抵达时间较长

经核实，旅游团（者）推迟抵达，且推迟时间较长，导游员可以离开机场、车站，并重新安排接站事宜。

【服务锦囊】

尽管旅游团还是当日抵达，导游员还是要视具体情况提前做好相关准备，可能需要与用餐单位提前联系，取消当日原定的午餐或晚餐，以免造成太大的经济损失。

2．旅游团（者）次日抵京

（1）经核实，旅游团（者）次日抵达，导游员要协助地接社退掉当日的住房、餐饮、车辆、景点门票等。

（2）做好第二天的接站准备。

（3）与计调部协商重新安排旅游活动计划。

只要时间许可，一定要将原计划中的游览景点及其他活动都安排进去，保护旅游者的合法权益。如果时间不许可，就选择最具代表性、最有特色的旅游景点，让旅游者对目的地的旅游资源有个基本的了解。

3．旅游团（者）取消北京行程

（1）经核实，旅游团（者）取消当地的行程时，接待社应立即取消一切预订事项，退掉住房、餐饮、车辆和交通票证。

（2）如果有下一站活动及时通知组团社和下一站接待社。

步骤五：做好预防

尽管空接事故属于非责任事故，不是导游员的过失所致，但在实际工作中，导游员提高警惕，加强与各方面的联系和确认，也是可以起到一定的预防作用的。

（1）掌握组团社和全陪的联系方式，以备不时之需。

（2）在团队抵达的当天，导游员要与旅行社再次确认旅游团抵达的准确时间，避免变更信息的漏报和误报。

（3）地陪在接团之前要按服务程序和要求认真核对接待信息，做好三核实。

【知识链接】

北京市火车站简况

作为导游员，要熟悉并清楚北京市内5个火车站的情况，避免在接站工作中出现失误。

北京站：就是常说的北京火车站，紧邻长安街。现在一般往东北方向，如天津、山东的车和个别华东的车在这里发车。

地址：北京市东城区毛家湾胡同甲13号

北京东站：在东四环，八王坟附近，是货运车站，极少客运列车停靠。

地址：北京市朝阳区百子湾路7号

北京南站：集中了大部分的动车组车次。将来的发展趋势是将全部的动车组都集中在南站发车。

地址：北京市丰台区永定门外大街

北京西站：往南方和西部的车次在这里发车。现在北京西站的客运量比北京站大。

地址：北京市丰台区莲花池东路

北京北站：短途车站，规划中的八达岭方向短线客运火车在这里发车。

地址：北京市西城区西直门北大街

这些火车站都在北京市区，北京站的交通比较好，但是主要发往东北地区的列车停靠；南站都是动车，城际列车；西站主要是发往南方的列车停靠；北站主要是发往北方的列车停靠；东站几乎都是过路车。

活动三　错接事故的预防和处理

活动目标

了解错接的原因，掌握导游员错接旅游团的预防方法，能正确处理旅游团错接事故。

活动案例

S市的A旅行社有两个旅游团到杭州旅游，相同的旅游计划，乘坐的火车班次、人数、行程、规格都相同，只是杭州的接待社不同，分别为B旅行社和C旅行社，地方陪同导游员分别是小张和小李。当他们在车站出口处迎接旅游团时，只见两个旅游团，举着同一旅行社的小旗，戴着相同的帽子，背着相同的旅行袋，小张很高兴地迎上前去，确认了人数，便热情地招呼大家上车。小李见到小张已带走一队，自己就直接把另一个团带走了。直到吃晚餐时，小李才发现，此团并非自己计划要求所接旅游团。请分析此次事故发生的原因和处理措施。

活动步骤

步骤一：了解情况

(1) 一旦发现错接了团队，导游员要及时报告旅行社，请其协助寻找自己的团队，并与错接团队的旅行社和导游员尽快取得联系。

(2) 了解错接团队的详细信息，为下一步的应变措施做好准备。

步骤二：分析判断

(1) 发生错接，一般情况下会伴随发生漏接，即错接的导游员应接的旅游团发生无人迎接的现象。导游员不能弃错接团队自行离开，必须等待与错接团队的导游员办理移交手续后方能离开，所以要及时请旅行社协助安排寻找自己的团队。

本案例中的导游员小李可能知道自己的团是被B旅行社的小张接走了，并没有发生漏接，他可以尽快与小张联系上，进行团队的移交手续。

(2) 如果错接团队发生在同一家地接社，那导游员之间可以不交换团队，而是更换地方导游员即可，以减少对旅游团客人的影响。

(3) 如果错接团队发生在不同的地接社，即便是两个团队的组团社、人数、行程、接待规格与标准都完全一致，也需要进行移交和更换。

本案例中的两个团队就是属于同一家组团社，人数、行程、接待标准都相同，但由于地接社分别是B社和C社，小张和小李必须进行旅行团的移交和更换。

步骤三：现场处理

1. 立即报告旅行社

发现错接，应立即报告接待社，请其寻找接待该旅游团的旅行社和导游员。找到了应立即办理移交手续，并说明情况，还要因自己的不认真给他人添麻烦赔礼道歉。

2. 寻找自己的旅游团

地陪应设法寻找自己的旅游团，找到后要向旅游者实事求是地说明情况，真诚地赔礼道歉。

3. 非法导游接走旅游团（者）的处理

若发现非法导游接走了旅游团（者），地陪应立即报告接待社，请其协助寻找。若找到非法导游，由有关部门予以严肃处理。

步骤四：后续服务

提供优质、周到、热情的导游接待服务，消除因错接给旅游团带来的不快和不满情绪。

步骤五：做好预防

(1) 认真阅读接待计划，掌握旅游团的相关信息。

(2) 接到旅游团后，导游员要认真核实其团名、代号，核对人数，问清领队姓名等；如果是散客，要问清旅游者的全名和国籍。

(3) 杜绝迟到现象，警惕非法导游接走旅游团（者）。

任务二　旅游团人数变更的处理

任务说明

旅游团抵达时，常有实到人数与计划不符的情况，有时会多出几个人，有时会少几个人，有时男女性别与计划有出入，有时计划中是儿童，实到者却已超过12周岁。

国内旅游团人数的变更，直接关联到预订计划中住房、交通票证、餐饮等相关预订数量和经费的变化，这些问题若处理不好，会给旅游者带来不便，也会给导游员的服务工作带来麻烦。

入境旅游团人数的变更，不仅只是涉及房、餐、车、票的变化和处理，还要求导游员及时准确地办理变更人员的入境签证，确保旅游者的旅程能顺利进行。

本任务中设计有两种活动，其一是旅游团人数减少的处理，其二是旅游团人数增加的处理；每个活动中，以处理措施较为复杂的入境旅游团为主要活动载体，学习入境旅游团和国内旅游团人数减少或增加的处理。

活动一　旅游团人数减少的处理

活动目标

掌握入境旅游团和国内旅游团人数减少的处理方法，能正确处理旅游团人数减少的情况。

活动案例

一泰国豪华旅游团，计划人数40人。团队抵京那天，导游人员在机场出口举旗迎接旅游团，一会儿，女领队匆匆赶来，找到地陪，说团中一对夫妇因家中老人去世，临时取消了本次旅游，希望地陪将损失降到最小。地陪了解情况后，让领队回去照顾旅游者出关、领取行李，自己采取一系列的措施。

活动步骤

步骤一：了解情况

（1）了解并确认未到旅游者的人数。

（2）了解并核对未到旅游者的相关信息。

例如，未到旅游者的姓名、性别、是成年人还是未成年人等。

步骤二：分析判断

（1）需要将情况及时报告旅行社，并要通知各站地接社人数减少的情况。

（2）因有未到旅游者，导游员需要当即到北京边防检查总站去办理团体旅游签证注销未到旅游者姓名的手续。

【小贴士】

团体旅游签证是旅游签证中的一种，其特点是整个团队的签证贴附在一张纸上，而不会在护照上有签证记录，所有团队成员必须随团集体出入国境。

(3) 两名旅游者未到，涉及住房、机（车）票、景点票、餐费的变化，需要提前与相关接待单位联系，说明情况，退掉预订，以免造成不必要的浪费和损失。

(4) 两名旅游者是夫妇，住房退掉一间，无须再做其他调整。

步骤三：现场处理

1. 首先通知地接社计调部门

(1) 立即通知地接社计调部门，旅游团实到人数为38人，由地接社通报组团社人数的变化。

(2) 尽快调整该团交通票证的数量。

2. 与饭店销售部联系

及时与旅游团计划下榻的饭店销售部联系（团队预订客房，不可自行与前台或营业部更改住房数），告知减少一间客房的预订， 争取到支付50%的退房预订费。通常当日取消预订，应收取100%损失费。

3. 通知餐厅

迅速给餐饮预订点打电话，重新报就餐人数。

4. 在团队签证上注销未到者

检查团体签证，并在边检站当场办理注销未到中国的旅游者姓名的手续。

步骤四：后续服务

(1) 旅游团人数变更，导游员要写书面材料并请领队签字确认。

(2) 地接社应及时将人数变更情况通报国内组团社，尤其要通知各站地接社。

(3) 若有大的变化或者费用上的损失，要报呈地接社相关人员处理。

步骤五：做好预防

(1) 核实实到人数是导游员与旅游团领队要确认的第一件事。

(2) 导游员在接团之前要做好充分的准备，在领取接待计划时，就应将相关的电话、联系人姓名等记下，以备不时之需。

【知识链接】

出入境边防检查

出入境边防检查站是指中华人民共和国在对外开放的港口、机场、车站和边检通道等口岸设立的边防检查站。出入境边防检查站隶属公安部，是我国出入境管理体系的重要组成部分。现全国出入境边防检查站分为职业制边检站和现役制边检站两种。二者工作性质相同，体制不同。

职业制边防检查机关：全国共有9个，由武警边防转制而来，现九总站工作人员为国家公务员、人民警察。九总站分别为北京出入境边防检查总站、天津出入境边防检查总站、上海出入境边防检查总站、广州出入境边防检查总站、深圳出入境边防检查总站、珠海出入境边防检查总站、厦门出入境边防检查总站、海口出入境边防检查总站、汕头出入境边防检查总站。九总站由公安部垂直领导，由公安部出入境管理局具体领导。

现役制边防检查机关：除上述9个边检总站外，我国其他开放口岸的边检站均为现役武警编制的边防检查总队，由公安部四局即边防管理局（公安现役部队）负责领导。

出入境边防检查，是国家通过设在对外开放口岸的出入境边防检查机关及各出入境边防检查站，依法对出入境人员、交通工具及其携带、载运的行李物品、货物等实施检查、监督的一种行政管理活动。其目的是为了维护国家主权，保卫国家安全，维护口岸出入境秩序，防范和打击非法出入境行为，方便合法往来。

案例拓展

一南方旅游团，计划人数40人。团队抵京那天，导游员在机场出口举旗迎接旅游团，一会儿，全陪匆匆赶来，找到地陪，说团中一对夫妇因家中老人去世，临时取消了本次旅游，希望地陪将损失降到最小。地陪在了解情况后，让全陪回去照顾旅游者领取行李，自己则采取一系列的措施。

❍ 想一想

此案例为国内团人数的减少，仿照入境旅游团的处理办法，该如何处理？

❍ 专家解析

国内团不涉及旅游者的入境签证，所以无须导游员做团队签证处理；除此之外，其余的处理基本与入境旅游团人数减少一样。

1．首先通知地接社计调部门

立即通知地接社计调部门，旅游团实到人数为38人，由地接社通报组团社人数的变化；尽快调整该团交通票证的数量。

2．与饭店销售部联系

及时与旅游团计划下榻的饭店销售部联系，告知减少一间客房的预订， 争取到支付50%的退房预订费。

3．通知餐厅

迅速给餐饮预订点打电话，重新报就餐人数。

活动二　旅游团人数增加的处理

活动目标

掌握入境旅游团和国内旅游团人数增加的处理方法，能正确处理旅游团人数增加的情况。

活动案例

导游员小王接待日本一行25人旅行团到中国旅游，旅游团在日本出发之时，北京地接社接到日本组团社的通知，说该团增加了1名男性成年旅游者，其有入境签证，请北京地接社做好相应的准备。如果你是导游员小王，该如何正确处理？

活动步骤

步骤一：了解情况

（1）及时了解入境旅游团增加人员的详细信息，确认其姓名、性别、年龄、ID号、护照号等相关信息。

（2）及时了解增加的旅游者有无中国入境签证，然后根据不同情况提前做好相关准备。

（3）了解房、餐、车、票证的增加预订的情况。

步骤二：分析判断

（1）如果增加的旅游者有入境签证，旅游者入境没有问题，导游员只需将人数增加的信息报告组团社即可。

【小贴士】

旅游签证是签证种类中的一种，有一些国家专门为旅游者颁发旅游签证，即“tourist visa”。旅游签证的特点是停留期短，一般为30天，最长为90天，一般不能延期。持旅游签证者不能在当地打工或从事与旅游无关的活动。

（2）如果增加的旅游者无入境签证，那旅游者入境需要导游员协助办理相关手续。

1）旅游者抵达前，国外旅行社通知旅游团增加人数，但无中国的入境签证。地陪应事先准备国际旅行社的证明，旅游团抵京当天，导游员带着旅行社证明、本人身份证和导游证，进入隔离区，找到无签证旅游者后，协助其在机场公安局签证处办理入境口岸签证。

2）旅游团抵达后，导游员才被告之该团增加了人数，但没有中国的入境签证。导游员应立即报告组团社，征得其同意后与机场公安局签证处协商，为无签证者办理口岸签证，国际旅行社证明后补。

【小贴士】

我国国际旅行社和经批准的港澳旅行社组织、接待的外国旅游团，可以向设在北京、上海、天津、大连、福州、厦门、西安、桂林、杭州、昆明、广州、深圳、珠海、青岛、烟台、威海、海口、三亚、重庆、成都、南京、满洲里、黑河、沈阳、绥芬河、武汉、济南的口岸签证机关申请签证（又称口岸签证）。

步骤三：现场处理

（1）得知人数增加时，地陪必须马上报告地接社，请其协助处理相关事宜。

（2）将旅游团人数增加的信息报告组团社，由组团社通知各站地接社有关旅游团人数变更的情况。

（3）如果增加人员没有入境签证，导游员应协助其在机场公安局签证处办理口岸签证。

请新增加的旅游者准备好自己的有效普通护照、一张近期二寸半身正面免冠照片，到签证处填写《外国人签证、居留许可申请表》，导游员准备好国际旅行社证明（如果没有提前预知人数增加情况，可后补），为其办理口岸签证。

【小贴士】

申请口岸签证，须回答有关询问并提供下列材料：有效普通护照；填写《外国人签证、居留许可申请表》，交一张近期二寸半身正面免冠照片；其他证明材料（如：国际旅行社证明）。

申请团体旅游签证，旅游团人数不限。须提供负责组织、接待的国际旅行社或者经批准的港澳旅行社的公函和旅游团人员名单，可以获得有效期2个月以内的一次入境有效团体签证。

（4）与下榻饭店市场营销部门和餐饮接待单位联系，增加住房和餐饮的预订数，解决食、宿问题。

（5）与旅行社计调部门联系，增加机（车）票预订数，处理好交通票证的问题。

步骤四：后续服务

（1）旅游团人数变更，导游员要写书面材料并请领队签字确认。

（2）地接社应及时将人数变更情况通报国内组团社，尤其要通知各站地接社。

（3）若有大的变化，要报呈地接社相关人员处理。

步骤五：做好预防

（1）核实实到人数是导游员与旅游团领队要确认的第一件事。

（2）导游员在接团之前要做好充分的准备，在领取接待计划时，就应将相关的电话、联系人姓名等记下，以备不时之需。

【知识链接】

关于旅行社向边检机关申请旅游团成员零散通过
边防检查流程的公告

根据公安部于2012年1月1日起施行的12项便民措施第四条，旅游团出入境可选择整团集中排队办理边检手续，也可在向拟出入境口岸边检站预申报后，由旅游团成员自由选择不同的边检查验通道分别办理出入境手续，缩短旅游团通关时间，提高旅游团通关效率。现将旅行社向北京边检总站预申报及旅游团通关的流程公告如下：

一、有旅游团成员零散办理出入境手续需求的旅行社应提前向我总站备案，总站将对旅行社经营出国游、台湾游、港澳游及接待外国旅游团的资质进行审核。

二、经过审核的旅行社应于旅游团出境前24小时通过互联网向我边检机关指定的申报平台（正在建设中，建成后即时公告）按照相应规则申报旅游团及成员的具体信息。

三、旅行社工作人员应于旅游团到达边检现场前30分钟将外国人团体签证、经过旅游管理部门审批的旅游团名单表送到我边检机关指定地点进行复核、确认。

四、确认无误的旅游团到达边检现场可自由选择通道办理出入境手续，无须排队。

五、待旅游团全部通过后，由旅行社工作人员或领队持团体签证或名单表到我边检机关指定检查台或办公室加盖验讫章。

针对此便民措施旅行社如有需求，请提前向北京出入境边防检查总站指挥中心咨询并联系相关事宜，联系电话：010-58105400。

特此公告

北京出入境边防检查总站

二〇一二年一月五日

案例拓展

一旅游团，计划人数32人。团队抵京那天，导游员在机场出口举旗迎接旅游团，一会儿，全陪匆匆赶来，找到地陪，说旅游团中增加了两个16岁的中学生，希望地陪想办法解决。

想一想

国内团发生人数增加，导游员的应变措施有哪些？与入境团人数变更应采取的措施有哪些不同？

○ 专家解析

国内团人数变更，也需要导游员在接团的第一时间与全陪核实人数，并及时通知地接社，协助导游员解决住房、用餐、交通等实际问题，唯一不同的就是不涉及旅游者的入境签证。

任务三　旅游活动计划和日程变更的处理

任务说明

旅游者到北京后，会因一些特殊的客观原因（如在旅游旺季，团队没预订上预计的班次、发生了意外事故等），导致旅游活动计划和日程的变更，使得旅游团在北京的行程出现了延长或缩短的现象，甚至还会出现因故滞留在北京而取消下一站旅游行程的情况。

当然，在实际工作中，除了客观原因导致的旅游活动计划和日程的变更之外，还会出现旅游者或是领队因主观意愿而提出希望活动计划和日程延长或缩短的情况。一般情况下，如果旅游者提出变更要求，导游员应该婉言拒绝，说明地接社不能单方面不执行旅游合同；如果是领队提出此类要求，地陪不能当场拒绝，而应通过地接社报告组团社，根据组团社的决定，或接受或拒绝。

本任务主要学习由客观原因引起的旅游活动计划和日程变更的处理，设计了三个活动，即：旅游团活动计划和日程延长、旅游团活动计划和日程缩短、旅游团活动取消下一站。

活动一　旅游活动计划和日程延长的处理

活动目标

掌握旅游活动计划和日程延长的处理方法，能妥善处理好延长日程情况下的旅游活动计划变更情况。

活动案例

某旅游团按计划应于10月17日11:20分乘飞机飞往H市。由于一时疏忽，票务人员为该团订错了航班，起飞时间为17日15:25分。16日早晨，该团旅游者获悉航班改变的消息，反应强烈。稍后便通过领队向地陪提出口头投诉。旅游团中的一位旅游者声称，曾向航空公司询问过，回答是原航班有票。试问地陪针对上述情况，应如何妥善处理？

活动步骤

步骤一：了解情况

（1）对于旅游者提出的口头投诉，导游员要认真倾听，安抚旅游者情绪。

（2）根据旅游者的投诉，开展调查核实。导游员及时向旅行社报告，请旅行社向航空公司核实是否有原航班机票。

步骤二：分析判断

（1）经与航空公司联系，如果原定航班有票，那导游员要通过旅行社敦促票务人员换票，按照预定计划的日程和航班订票。同时导游员需要向旅游者赔礼道歉，并采取措施消除旅游者的不满情绪。

（2）如果与航空公司联系之后，确实原定航班没有机票了，导游员要把调查核实的情况实事求是地向旅游者进行解释和说明，消除旅游者的误会和不愉快。

（3）如果确认航班机票改定为15:25分，那旅游团的计划和日程就发生了变更，与原定计划11:20分的离站航班相比，日程延长了。导游员还需要做好延长旅游活动日程的应变准备。

（4）旅游团延长了活动日程，导游员需要及时做出应变处理的就是吃、住、行、游4件大事。如果延长时间不超过半天，那就只涉及增加一顿用餐、增加一个游览景点；如果延长时间超过半天，还需要增加住房的预订（最好在原下榻酒店，不要给客人增加麻烦），增加多次用餐、多个旅游活动安排。总而言之，要让旅游者感觉安排合理充实，不是在浪费消磨时间，从而消除因日程变化而带来的不满情绪。

步骤三：应变处理

（1）安抚旅游者的不满情绪，报告旅行社，请旅行社协助做好有关航班机票预订的调查核实工作，尽快向航空公司确认原航班是否还有机票。

（2）如果原航班有票，敦促票务换票，向旅游者道歉，并告知旅游者按预定计划的日程执行。

（3）如果原航班没票，实事求是地说明情况，按照活动日程延长处理：立即通知下一站地接社，告知旅游团推迟抵达，并传达具体航班号、抵达时间等准确信息；解决旅游团滞留北京的具体问题，如及时预订安排17日午餐；与计调人员联系，提出应变计划，商量旅游团继续游览的计划；重新安排旅游用车服务和送站服务。

步骤四：后续服务

（1）旅游团继续游览计划一旦确定，导游员就要带领旅游者进行参观游览，提供热情周到的导游服务。

（2）导游员要耐心解释，做好旅游者的工作，必要时可请领导出面，适当加菜、加酒或赠送小纪念品。

案例拓展

某旅行社的一位资深导游员为一台湾旅行团提供四晚五天的导游服务。由于他经验丰富、服务热情周到，团队活动进行得十分顺利，旅游者很满意。在京的最后一天，上午没有活动安排，旅游团将在12:15分乘坐国航班机离京前往下一站游览。旅游者临时提议，希望参观卢沟桥。地陪凭经验计算了一下时间，又征求了全团旅游者的意见后，带领旅游团高高兴兴地游览了卢沟桥。然而在从卢沟桥返回机场的途中却遇上了严重的道路堵塞，期间司机想“抄小路”，结果乡村道路路况不佳只得重返公路。当旅游车赶到机场时，飞机已经上了跑道。

请问导游员的做法有何不妥？事故发生之后该如何应变处理？

❍ 专家解析

1．导游员要正确对待旅游者提出的变更活动的要求

旅游团离站当天不可随意增加活动。台湾旅游者要求去卢沟桥参观，本应满足，但旅游团中午要乘机离京，而且卢沟桥和首都机场相距较远，还有堵车等因素，这些都是地陪不能不考虑的。

以上案列给我们如下启示：

（1）不能仅凭经验办事。导游员再有经验，也要务实，绝不能仅凭经验办事。

（2）要求实事求是。“诚”是导游人员的服务准则，要真心诚意地为旅游者服务，但同时应该强调实事求是，上述案例体现了地陪的诚意，但结果却是“好心办了坏事”。

2．延长活动日程的处理

旅游团误了从北京飞往下一站的航班，导游员只能尽快联系安排，争取团队能在第二天离站，这样旅游团在京活动日程就延长了一天，对此导游员应紧急采取应对措施。

误机已成事实，必须马上报告旅行社，请其立即通知下一站地接社有关旅游团耽误飞机的信息；解决旅游团滞留北京的住房、餐饮、市内交通车辆和离京机票等具体问题。

3．提出应变活动计划

旅游团滞留北京，导游员应与计调人员联系，商量旅游团继续游览的计划，计划一确定就带领旅游者游览，提供热情周到的导游服务。

4．做好送站服务准备

严格按照导游员送站工作程序及服务标准做好旅游团的送站服务。

活动二　旅游活动计划和日程缩短的处理

活动目标

掌握旅游活动计划和日程缩短的处理方法，能妥善处理好缩短日程情况下的旅游活动计划变更情况。

活动案例

新加坡SHE旅游团一行27人，按原计划于9月11日19:50乘某航班由B市飞往C市，10日下午导游员小张接到地方接待社的通知，该团改乘9月11日12:20的航班。如果你是B市导游员小张，你应该采取哪些应变措施？

活动步骤

步骤一：了解情况

（1）导游员与旅行社再次确定该旅游团提前离开B市的消息，确认并核实变更后的航班号、飞机起飞时间、团队成员的飞机票证等关键信息。

（2）了解B市地接社是否及时将旅游团变更离站航班、将提前抵达C市的消息通知了C市地接社，如果没有，导游员小张要提醒旅行社及时做出通知。

步骤二：分析判断

（1）旅游团离站的时间因故从11日19:50调整为当日12:20，提前了半天时间，导游员小张可以判定该旅游团属于提前离开B市，在B市的旅游活动计划和日程缩短了。

（2）旅游团原定晚上19:50的航班，根据导游服务规范，团队至少提前2小时到达机场，小张应该于17:50之前将旅游团送到机场，该旅游团11日没有晚餐。但由于离站时间提前到了12:20的航班，小张至少要在10:20把团队送达机场，那旅游团原定11日的团队餐就需要退掉。

（3）旅游团原定日程的调整在同一天，不涉及住房的提前退订，依然可以通知旅游团成员在11日早上出发前退房。

（4）由于11日上午10:20就要把旅游者送到机场，原定11日上午的活动安排肯定会受到影响。导游员小张10日下午才接到提前离站的通知，应该没有充裕的时间来调整旅游行程安排，无法完成原计划中的参观游览的景点及其他活动，需要向旅游者做好解释和安抚工作，必要时需要进行适度的补偿。

（5）旅游团成员得知提前离开B市的消息后肯定会有很多不满，导游员小张不宜即刻将这个消息向全团宣布，而是需要充分发挥并利用好旅游团中比较有影响力的旅游者的作用，先向他们说明情况，诚恳地赔礼道歉，详细介绍应变计划，争取他们的谅解和支持，然后再分头做其他旅游者的工作，力争把客人的不满情绪降到最低。

步骤三：应变处理

（1）得知消息后，立即与领队、全陪商量，实事求是地说明情况，提出应变计划。

（2）只要时间许可，一定要将原计划中的参观游览的景点及其他活动都安排进去，保护旅游者的合法权益；如果时间不许可，就选择最具代表性、最有特色的旅游景点，让旅游者对当地的旅游资源有个基本的了解。总之，旅游行程被迫缩短，导游员应尽力不让旅游者感到损失太大。

（3）做好旅游者的工作。不要当即把旅游团提前离开的消息向全团宣布，以免引起大哗；找适当的机会向旅游团中有影响的人物说明情况，诚恳地赔礼道歉，详细介绍应变计划，争取他们的谅解和支持；最后分头做旅游者的工作，安抚并稳定他们的情绪。

（4）由地接社尽快协助办理退房、退餐、退车等相关事宜。

（5）导游员必须提醒地接社将行程变化的信息及时通知下一站；若一地缩短行程超过半天，地接社要报告国内组团社。

步骤四：后续服务

（1）适当补偿。必要时，经领导批准，可以加酒、加菜，赠送具有本地特色的小纪念品；若旅游者损失较大，旅游者反应强烈，可由旅行社领导出面表示歉意并提出补偿办法。

（2）继续做好导游服务，稳妥地做好送站准备。

案例拓展

某北京旅行社导游员小王接待一个28人的马来西亚团，该团在华游览四省五市，北京是第三站。接团当天，小王接到旅行社通知说该团因上一站天气恶劣、空中管制航班被迫取消，原定下午18:30抵达北京，推迟到第二天上午11:45分到达。如果你是导游员小王，该如何应对？

❍ **专家解析**

这是旅游团推迟抵达导致日程缩短的案例，这种情况往往是导游员在旅游团抵达目的地之前，就得知了日程被迫缩短的消息，有一定的时间做好应变计划，能够重新设计新的接待和游览安排。

1. 地接社的应变措施

北京接待社要尽快退掉当日的住房、用餐、用车，并重新做好接站安排，将损失降低到最小。

2．确定新的接待计划

导游员要与计调部门一起确定新的接待计划，只要时间许可，一定要将原计划中的参观游览景点及其他活动都安排进去，以保护旅游者的合法权益。如果时间不允许，就选择最具有代表性、最有特色的旅游景点，让旅游者对北京的旅游景观有个基本的了解。

3．提供优质服务

做好接站准备，在后续的活动中向旅游者提供热情、周到、优质的导游服务。

活动三　旅游团取消一地行程的处理

活动目标

掌握旅游团取消一地行程的处理方法，能妥善处理好旅游团取消一地行程后旅游活动计划变更情况。

活动案例

某美国旅游团7月到西安、四川、北京旅游，其旅游行程安排如下：从西安入境，然后直飞九寨沟黄龙，回成都，到北京，从北京出境。就在离开西安的前一天，全陪接到了旅行社通知，九寨沟风景区因多日来连降大到暴雨，造成山体滑坡和泥石流，进九寨沟的道路交通受阻，希望能取消行程安排，以确保旅游者安全。如果你是该团的导游，该如何处理？

活动步骤

步骤一：了解情况

取消旅游团在某站的活动日程，一般都由天灾造成。导游员需要及时通过地接社、新闻报道等了解当地的天气灾害情况和道路损毁情况，以便能够掌握真实准确的第一手情报，做好向旅游者解释说明的准备。

步骤二：分析判断

(1) 旅游团的安全是首位，如果得知游览目的地因恶劣天气存在安全隐患，甚至已经造成自然灾害，导游员决不能心存侥幸，冒险带团前往。

(2) 外国旅游者来华旅游时间有限，机会难得，所选游览景点肯定都是非常心仪和向往的。一旦听闻因故不能前往，景点要被取消，心情肯定会受影响，甚至还会有些不理解。导游员需要以旅游者的人身和财产安全为重，认真做好说明和安抚工作。

(3) 因故取消一地的景点和日程安排，导游员需要及时调整行程，安排与之相当的替代景点和活动，让旅游者不虚此行。

活动案例中旅游团因天气灾害不能前往九寨沟黄龙景区，导游员及时向组团社报告，由其变更行程和提出应变计划，导游员则应向旅游者做详细说明和介绍。

(4) 取消一地行程，该地预订的住房、餐饮、旅游用车、交通票等都要提前退掉，尽量避免大的损失。重新安排行程，安排预订好替代景点的房、餐、车、票。

步骤三：现场处理

(1) 自然灾害迫使旅游团取消一地行程，导游人员应及早报告组团社，由其决定变更旅游团行程，导游人员遵照执行。

（2）实事求是地将组团社的决定向旅游者解释清楚，说明原因，消除误解，安抚稳定旅游团成员的情绪。

（3）安排替代项目，向旅游者详细介绍，激发旅游团成员游览替代项目的兴趣，安排好替代游览目的地的住房、用餐、用车、交通票等事宜。

（4）将已取消游览目的地的住房、用餐、用车、交通票的预订退掉，尽量减少损失。

步骤四：后续服务

带领旅游团继续进行游览活动，并提供精彩的导游讲解以及高质量的导游服务。

【知识链接】

中国国航退改签规定

一、团体旅客自愿要求退票，按下列规定收取退票费

（1）在航班规定离站时间72小时（含）以前，收取客票价10%的退票费。

（2）在航班规定离站时间前72小时以内至航班规定离站时间前一日中午12时（含）以前，收取客票价30%的退票费。

（3）在航班规定离站时间前一日中午12时以后至航班规定离站时间以前，收取客票价50%的退票费。

（4）在航班规定离站时间以后，客票作废，票款不退。

（5）持联程\来回程客票的团体旅客要求退票，分别按本条第1、第2或第3款的规定收取各航段的退票费。

二、部分团体旅客自愿退票

部分团体旅客自愿要求退票，除客票附有限制条件者外，按下列规定办理：

（1）如乘机的旅客人数不少于该票价规定的最低团体人数时，按“团体旅客自愿退票”规定办理。

（2）如乘机的旅客人数少于该票价规定的最低团体人数时，分别按下列规定办理：

如客票全部未使用，应按团体旅客原折扣票价总金额扣除乘机旅客按正常票价计算的票款总金额后，再扣除“团体旅客自愿退票”规定的退票费，差额多退少不补；如客票部分未使用，应将团体旅客原付折扣票价总金额扣除该团体已使用航段的票款后，再扣除乘机旅客按正常票价计算的未使用航段票款总金额及“团体旅客自愿退票”规定的退票费，差额多退少不补。

三、非特殊航线

非特殊航线是指除涉及林芝、邦达、九寨沟、日喀则、西宁、拉萨、丽江、呼和浩特、朝阳、丹东、包头、锡林浩特、通辽、赤峰、大同的航线，此类航线的退票手续费如下：

P，F，A，C，D，Z，J舱（头等舱、公务舱）：航班起飞前（含）可以免费退票，不限制次数，航班起飞后收取10%的退票费。

W，Y舱（经济舱全价）：航班起飞前（含）收取5%的退票费，航班起飞后收取10%的退票费。

B，M，H，K，L，Q舱（经济舱折扣）：航班起飞前（含）收取20%的退票费，航班起飞后收取30%的退票费。

G，V，S，U，E，T舱（经济舱特价）：航班起飞前（含）收取50%的退票费，起飞后不允许退票。

四、特殊航线

涉及林芝、邦达、九寨沟、日喀则、西宁、拉萨、丽江、呼和浩特、朝阳、丹东、包头、锡林浩特、通辽、赤峰、大同的单程往返客票退票规则：

P，F，A，C，D，Z，J，W，Y舱（头等舱、公务舱和全价经济舱）：航班起飞前（含）收取20%的退票费，航班起飞后，收取30%的退票费。

B，M，H，K，L，Q舱（经济舱折扣）：航班起飞前（含）收取30%的退票费，航班起飞后，收取40%的退票费。

G，V，S，U，E，T舱（经济舱特价）：航班起飞前（含）收取50%的退票费，航班起飞后，不许退票。

五、退票提示

未出票的订单进行取消或修改，一般不收取费用（已支付定金的团队票除外）；机票退改签政策一般都非常复杂，航空公司也会不定期对退改签政策做一定的调整，若上述退改签规定和航空公司不一致，以航空公司官网和官方客服的信息为准。

特别注意：只要机票上注明“不得退票”字样的，一律不得退票！

任务四　误机、误车事故的预防和处理

任务说明

误机、误车是指旅游团（者）因故没有赶上预订的飞机和火车。在旅游活动过程中，旅游团因为各种原因会导致误机、误车事故，这属于重大事故，不仅会耽误旅游团的行程，而且往往会造成重大的经济损失和不良影响。

在本任务中，紧紧围绕误机、误车事故的预防和处理设计了一个典型活动，通过了解情况、分析判断、现场处理、后续服务五个活动步骤，让同学们学会误机、误车事故的应对处理措施，更重要的是掌握事故的预防措施，做到防患于未然。

活动目标

了解误机、误车事故的原因，掌握误机、误车事故的预防方法，能正确处理旅游团误机、误车事故。

活动案例

KZH1015团将于10月17日17:40乘火车离A市赴E市。地陪小胡带领该团游览了清静寺后于16:00将该团带到市中心购物，16:40全团上车后发现少了两名客人。于是小胡让领队照顾全团在原地等候，自己和全陪分头去找这两名客人。等找到客人，回到车上时，离火车开车时间只有20分钟了。司机立即开车，可是汽车抵达火车站时，火车已驶离站台。

试分析造成这次误车事故的原因并说明小胡应采取什么补救措施？

活动步骤

步骤一：了解情况

（1）当旅游团抵达火车站时，火车已经驶离了站台，说明误车事故已经发生。

（2）导游员要立即了解下一个车次的发车时间，争取能让旅游团乘最近时刻的火车离开。

（3）同时了解其他交通工具的发车情况，如有必要也可改乘其他交通工具前往下一站。

步骤二：分析判断

1．误机、误车事故的原因

（1）非责任事故。有关人员因工作失误造成误机、误车。例如：航班班次、车次变更或时间提前，有关人员没有及时通知导游人员；票证没有及时送到机场、车站，造成误机、误车。旅游者自身的原因（如重病、受伤、走失等）导致误机、误车。交通事故、严重堵车等造成误机、误车。

（2）责任事故。导游人员记错旅游团离站日期、时间；当日日程安排过紧，活动安排不当、没有安排足够的时间赴机场、车站等，造成旅游团误机、误车，这是导游员的责任事故。

2．分析本案例中误车事故原因和性质

地陪小胡在离站当天下午安排旅游者去了景点清净寺之后已经近16:00，此时距离旅游团火车发车时间只有1小时40分钟，按照导游员送站工作程序和服务质量要求，旅游团乘火车离站时，导游员应该至少提前1小时30分钟将团队送达车站。此时，地陪小胡应该直接带团队去往火车站，而不应该在市中心安排自由购物。这显然是导游员小胡活动安排不当，同时也没有安排足够的时间赶赴车站所导致的误车，是导游员的责任事故。

【服务锦囊】

导游员在送站当日，要尽量避免安排旅游者去比较僻远的景点游览（路途遥远、容易堵车，时间不好控制）、避免安排旅游者到大型商场购物或自由活动（客人经常不能按时集合归队或迷路走失），否则容易导致误机、误车事故的发生。

送站当天，导游员务必严格按照工作程序和服务质量要求，提前将旅游团送达交通集散地。乘飞机提前2小时抵达机场，乘火车提前1.5小时抵达车站。

3．尽量想办法让旅游团尽快离开

与火车站、机场、长途客运站联系，尽最大努力采取办法让旅游团尽快离开，尽量避免团队滞留。一旦滞留，所发生的住房、餐饮、用车、交通票等费用和事宜将会增加，同时也会影响旅游团的行程安排。如果发生的误机误车属于责任事故，旅行社和导游员还将承担一切责任及经济损失。

步骤三：现场处理

（1）立即报告接待旅行社，请接待旅行社与火车站、机场、长途客运公司等多方及时联系，争取旅游团乘下一航班、火车，或包机、加挂车厢，或改乘其他交通工具前往下一站。

（2）旅游团已不能按照预定计划离站，旅行社还需及时通知下一站接待旅行社。

（3）如果旅游团当天走不了，由接待旅行社解决其滞留在北京期间的食宿和交通车辆以及离京的交通票证等事宜。

【服务锦囊】

在本案例中，导游员小胡在发现有两名旅游者没有按时返回归队时，应该紧急做出应变：把归队旅游者的火车票交给全陪，让全陪带团队赶往火车站，并带领团队成员先行检票进站乘车；自己拿着两名迟到旅游者的车票，在原地等候，一旦旅游者归队，带旅游者乘出租车前往火车站。即便是误车，也只是有两名旅游者误车的损失。

步骤四：后续服务

1．承担责任

事故责任者应该诚恳地向旅游者赔礼道歉，提供热情周到的服务。旅行社领导应该出面向旅游者道歉并予以安慰。

2．严肃处理

（1）承担经济损失。旅游团因导游方面的原因，延误离站，费用由接待旅行社承担；对旅游者的经济补偿经协商处理；事故责任人的赔偿金额由旅行社决定。

（2）吊销导游证。问题严重者，由北京市旅游行政管理部门吊销其导游证并予以公告。

步骤五：做好预防

发生误机、误车事故，无论怎样处理，总会有旅游者不满意，而且这类事故会对旅行社造成经济损失和不良影响。所以，此类事故重在预防，设法杜绝。

1．旅游管理部门的工作

（1）强化管理。对导游人员和其他旅游从业人员加强教育，制定必要的规章制度，强化管理。

（2）建立岗位责任制并严格执行。制定严密、有效的接待工作程序，建立岗位责任制并严格执行，加强接待工作各个环节的联络检查和审核制度。

（3）制定处罚条例。事故责任者不能只检讨了事，还必须承担相应的经济损失并接受处罚。

2．导游人员的工作

（1）加强责任心。导游员要加强责任心，认真做好旅游接待工作；送站前，切实做到四核实并问清具体的送站地点。

（2）与各方紧密联系。导游人员要与计调部门和行李员、司机紧密联系，相互配合，共同做好送站工作。

（3）严格按照规章制度办事。有关规章制度，导游员必须遵照执行，不得我行我素，不能只凭经验办事。

（4）时间安排留有余地。要充分考虑各方面的因素，安排充裕的时间，提前到达机场、车站。

【知识链接】

2015年火车票退票新规定

继火车票提前60天预售的好消息后，火车票退票制度也有了很大的变化。那么，2015年火车票退票还收取手续费吗？2015年火车票退票时间有变化吗？火车票退票需要哪些证件？

2015年火车票退票规定：①客票预售期延长至60天后，对开车前15天（不含15天）以上退票的，不收取退票费；②在发站开车前，特殊情况也可在开车后2小时内，旅客仍可改签当日其他列车。火车票网上订票且未换取纸质车票的，可以于不晚于开车前2小时登录网站办理退票手续；③团体旅客必须在开车48小时以前办理。

火车票退票手续费：火车票退票手续费新规定实行梯次退票，网上退票手续费和其他退票方式扣费无异。具体如下：票面乘车站开车前48小时以上的，退票时收取票价5%的退票费；开车前24小时以上、不足48小时的，退票时收取票价10%的退票费；开车前不足24小时的，退票时收取票价20%退票费。（详见下表1-2）上述计算的尾数以5角为单位，尾数小于2.5角的舍去、2.5角以上且小于7.5角的计为5角、7.5角以上的进为1元。

表1-2　2015年火车票退票手续费一览表

距离开车时间	退票手续费
15天以上（不含15天）	免费
48小时以上、15天以内	票面价5%
24小时以上、48小时以内	票面价10%
24小时以内	票面价20%

火车票改签新政策：已持有车票的旅客如行程调整，在其他列车有余票时，可以改签发到城市相同的车票。一张车票只能办理一次改签。车票改签后，旅客取消旅行的，可以按规定退票。

如何办理火车票退票呢？旅客要求退票时，应当在票面指定的开车时间前到车站办理，退还全部票价，核收退票费。特殊情况经购票地车站或票面乘车站站长同意的，可在开车后2小时内办理。团体旅客不应晚于开车前48小时。原票使用现金购票的，应退票款退还现金。旅客开始旅行后不能退票。但如因伤、病不能继续旅行时，凭列车开具的客运记录，可退还已收票价与已乘区间票价差额，核收退票费；已乘区间不足起码里程时，按起码里程计算；同行人同样办理。退还带有“行”字戳迹的车票时，应先办理行李变更手续。因特殊情况经购票地车站或票面乘车站站长同意在开车后2小时内改签的车票不退。站台票售出不退。必要时，铁路运输企业可以临时调整退票办法，请咨询当地车站或关注车站公告。

办理火车退票时需要哪些证件呢？乘车人本人办理的，凭车票和购票时所使用的有效身份证件原件；无法出示本人有效身份证件原件的，应到车站铁路公安制证口办理临时身份证明后，办理退票手续。代乘车人办理的，凭车票和购票时所使用的乘车人有效身份证件原件；没有购票时所使用的乘车人有效身份证件原件的，须凭车票及代办人本人的有效身份证件原件和乘车人购票时所使用的有效身份证件复印件。

案例拓展

一个40人的国内旅游团，计划于4月15日15:30分乘火车离京前往西安，旅游团在一家大型商场旁的餐厅用餐，午餐于13:00结束，旅游者要求去商场购物，地陪最初不同意，但经不住旅游者的坚持要求，还是同意了，不过一再提醒大家一个小时后一定要返回原地集合。一个小时后只有38人回来，等了一会儿，地陪让已经回来的旅游者在旅游车上休息，自己与全陪及两名年轻旅游者进商场寻找。找到两人时，离火车离站时间只有20多分钟了，旅游车赶到北京火车站，火车已经离站。

请问：此次事故造成什么损失？该事故的发生原因及性质是什么？如果你是地陪，当只有36人返回时应采取怎样的应对措施？

❍ 专家解析

1．此次误车事故造成如下损失

（1）给旅游者生活和工作上带来不便。

（2）给旅行社造成经济损失。

（3）影响旅游服务质量，损害旅行社信誉。

2．造成此次事故的原因

（1）日程安排不当。旅游团离站当天不应安排旅游者自由活动，不应安排旅游者去大型商场购物，地陪没有坚持按照原则办事，忽视了旅游者在自由活动和购物过程中守时意识差、容易走失的特点，最终同意了旅游者的要求。

（2）用餐地点安排不当。地陪应提前意识到旅游团如果在大型购物商城旁边用餐，会激发旅游者的购物欲望，旅游者不仅会提出购物要求，甚至会不经导游同意就自行到商场购物，给送站工作带来隐患和麻烦。

（3）地陪应变处理措施不当。发现旅游者未归，导游员不应该让全团等待或盲目寻找，更不能带旅游者去找旅游者。应该让全陪带团先去火车站，自己留下找到迟到旅游者后立即前往会合。

因此，这次误车事故属于责任事故，是导游员的责任。

3．地陪应该采取如下应变措施

（1）先手机联系未归队的旅游者，及时提醒其尽快返回旅游车；必要可行的时候，可以开车前往迎接会合，以便节约时间。

（2）如果联系不上，把38位旅游者的火车票交给全陪，让其带团队先去火车站，自己拿着两名旅游者的票在原地等候，同时继续手机联系寻找，也可借助商城广播寻人。

（3）找到旅游者后立即赶往火车站。

任务五　证件、行李、物品遗失的预防和处理

任务说明

旅游期间，旅游者往往丢三落四，丢失物品是比较常见的现象。

证件是旅游者在出行中最为重要的有效凭证，它包括身份证、中国护照、团体签证、台湾居民来往大陆通行证、港澳居民来往内地通行证等。如果在旅游过程中不慎遗失，会影响旅游者购买机票、火车票、入住酒店、出入境通关等，可以说没有有效证件，旅游者寸步难行。

行李是旅游者在旅行中所携带的生活必需品和重要物品，在机场托运行李或在酒店行李员分发行李过程中会发生行李遗失的现象。行李遗失，不仅会给旅游者造成经济损失，

也会给旅游者正常的旅行生活带来极大的不方便。

贵重物品的遗失，分为不慎丢失和被盗两种情况。但无论是在哪种情况下的遗失，都会给旅游者造成经济损失和烦恼，也会给导游工作带来不少麻烦和困难。

在本任务中，设计安排了证件遗失、行李遗失、物品遗失三个活动。通过活动，让同学们体会当出现这三种情况时，导游员要积极发挥自己的聪明才智和主观能动性，迅速了解准确信息和情况，尽快做出分析判断，按照正确的操作流程做出恰当的现场处理，并能积极提供好后续服务。同时，做到有效预防，尽量减少事故的发生。

活动一　证件遗失的预防和处理

活动目标

掌握旅游者证件遗失的处理方法，熟悉各种证件的补办程序，掌握证件遗失的预防措施。

活动案例

一个波兰旅游团在北京游览的第四天，上午参观天坛，下午逛王府井。一位老先生在外文书店前突然焦急地叫起来，说放在上衣口袋里的护照不见了，全陪在附近陪旅游者购物，得知消息后赶了过来，一面安慰老人，一面迅速用手机与地陪联系。

请问：地陪该如何处理此事件?

活动步骤

步骤一：了解情况

(1) 及时了解旅游者遗失护照的前后情况。请老先生仔细回忆，最后一次看到护照或使用护照的时间和地点，有可能在哪个环节丢失。

(2) 提醒老先生在自己身上和钱包中仔细查找，确认没有把护照放在身上的其他地方。

(3) 如果当天没有用过护照，提醒老先生回忆有没有携带护照外出，有没有可能把护照留在下榻酒店的房间里。

步骤二：分析判断

(1) 经过旅游者仔细回忆，导游员协助反复查找之后，排除了各种可能情况，才能确认护照的遗失。

(2) 可向遗失地派出所报案，若有人捡到证件，可及时交付旅游者。

(3) 要尽快帮助老先生补办护照，不能影响整个团队的行程计划安排。

步骤三：现场处理

(1) 安抚旅游者，稳定情绪。

(2) 引导回忆，帮助寻找。

(3) 确认丢失，向遗失地派出所报案。

(4) 报告地接社，请其开具补办手续所需的遗失证明，做好补办证件的准备。

【服务锦囊】

(1) 导游人员之间要密切合作，才能既办好事情，又不影响旅游团的游览活动。

(2) 把知情范围尽量控制在相关几个人之内，以免影响其他旅游者的游兴。

(3) 事后要一再提醒旅游者照管好自己的证件、财物，避免发生类似事故。

步骤四：后续服务

（1）及时带老先生按照外国护照遗失的补办程序到相关部门补办其护照。

（2）补办证件所产生的一切费用自理。

（3）提醒老先生及其他团队旅游者注意保管好自己的证件，避免类似事故的发生。

【小贴士】

不同国籍旅游者所持有的有效身份证件是不一样的（见表1-3），不同证件的证件补办程序和要求又有较大的差异性。导游员必须熟悉各类旅游证件的补办程序，才能为旅游者做好服务（见表1-4）。

表1-3　在中国旅行的旅游者所持有效身份证件一览表

旅游者国籍	所持有效身份证件
外国人、华裔	外国护照
华侨	中国护照
中国香港澳门同胞	港澳居民来往内地通行证
中国台湾同胞	台湾居民来往大陆通行证
中国国籍大陆居民	有效居民身份证

表1-4　在中国旅行的旅游者遗失有效身份证件补办一览表

旅游者国籍	证件名称	挂失部门	补发证件的部门	新证件名称	签证机关
外国旅游者	外国护照（中国签证）	北京市公安局出入境管理处	所在国驻华使领馆	外国护照	北京市公安局出入境管理处
外国旅游团	团体签证（外国护照）	北京市公安局出入境管理处	北京市公安局出入境管理处	团体签证	—
华侨	中国护照（外国签证）	北京市公安局出入境管理处	北京市公安局出入境管理处	中国护照	侨居国驻华使领馆
港、澳居民	港澳居民来往内地通行证	派出所	当地公安局出入境管理处	一次性有效的中华人民共和国入出境通行证	—
台湾居民	台湾居民来往大陆通行证	当地派出所	北京市公安局出入境管理处	一次性有效的出境证明	—
中国公民	中华人民共和国居民身份证	当地公安局	居住地公安机关	中华人民共和国居民身份证	—

1．外国护照遗失的补办程序

（1）旅行社开证明。确认证件遗失后，由接待旅行社开具证件遗失证明。

（2）到当地公安机关挂失。失主去北京市公安局出入境管理处报失，申请领取护照报失证明。

（3）申请新护照。失主持护照报失证明和照片去所在国驻华使领馆申请新护照或临时证件。

（4）重新办理签证。失主持新护照或临时证件再去北京市公安局出入境管理处申请入境签证，并办理团队分离签证。

2．中国护照遗失的补办程序

（1）接待旅行社开具遗失证明。

（2）失主持遗失证明和照片到北京市公安局出入境管理处挂失并申请新护照。

（3）获新护照后去侨居国驻华使领馆办理入境签证手续。

3. 团体签证遗失的补办程序

（1）接待社开具团体签证遗失证明。

（2）准备相关材料：原团体签证的复印件、按原团体签证格式重新打印旅游团的名单、全团旅游者的护照。

（3）领队持上述证明和材料到北京市公安局出入境管理处报失，填写申请表，申领新的团体签证。

4. 港澳居民来往内地通行证遗失的补办程序

（1）由接待旅行社开具遗失证明，向派出所挂失，取得报失证明。

（2）到当地公安局出入境管理处申请赴港澳证件，经核实后发给失主一次性有效的中华人民共和国入出境通行证。

（3）回港澳地区后，向通行证受理机关申请补发新的通行证。

5. 台湾居民来往大陆通行证遗失的补办程序

（1）接待旅行社开具遗失证明，到当地派出所挂失并取得报失证明。

（2）携旅游团接待计划和上述证明到北京市公安局出入境管理处申请一次性有效的出境证明。

6. 中华人民共和国居民身份证遗失的补办程序

（1）接待旅行社开具遗失证明，到当地公安局报失并取得报失证明。

（2）回居住地后，持报失证明及相关材料到公安机关申请办理新身份证。

步骤五：做好预防

（1）导游员要不厌其烦地反复提醒旅游者保管好自己的证件、财物，这是防止遗失或失窃的有效方法。尤其在热闹、拥挤的场所，要一再提醒旅游者保管好自己的证件、钱包和其他物品；结束在北京的游览活动离开饭店时，要多次提醒旅游者检查自己的证件、财物，不要遗忘物品。

（2）强调旅游者证件在旅行中的重要性，一旦遗失补办需要时间，会影响旅游者的正常行程。建议旅游者不要把证件与现金、银行卡、贵重物品放在一起，避免造成连带损失。

（3）导游员不保管旅游者的证件，由旅游者自己保管。需要旅游者的证件时，由领队收取，用毕立即归还并当面点清；旅游团离站之前，导游员要检查自己的行李，若保存有旅游者的证件，应立即归还。

活动二　行李遗失的预防和处理

活动目标

掌握旅游者行李遗失、破损的处理方法，掌握旅游者行李遗失的预防措施。

活动案例

由迈克先生任领队的美国CK旅行团一行16人在全陪的陪同下到北京旅游。S国际旅行社导游员小强在机场于17:40分接到CK旅行团，19:00到达下榻的四星级F饭店。导游员小强协助领队和全陪迅速办理了住店手续，饭店行李员也将行李送到旅游者的房间。这时旅游团的领队迈克先生带着玛丽小姐到大堂找导游员小强，说自己少了一件行李。

请问：如果你是导游员小强，该如何处理？

活动步骤

步骤一：了解情况

导游员要根据旅游团行李运送的过程线索，由近及远地逐一了解情况：

(1) 先详细询问玛丽小姐行李箱的颜色和尺寸，然后一起去找饭店大堂值班经理，了解分送该团行李的行李员或行李组，行李员接到该团的行李件数。

(2) 请领队了解全团成员的行李情况，查看是否有行李错投或误投房间的情况。

(3) 向旅游车司机了解并核实搬运到旅游车上的行李是否全部卸下，了解在机场共搬运了到旅游车上的行李件数。

(4) 询问玛丽小姐，下飞机后是否顺利领取了自己的所有行李。

步骤二：分析判断

作为导游员，无论是地陪、全陪还是领队，都应该掌握全团行李的总件数。如果能够做到这点，根据以上的信息，导游员应该能够从中找到玛丽小姐的行李的丢失环节。

(1) 如果旅游团抵达下榻饭店之后，饭店行李员从旅行车上接到的全团行李件数与该团行李总件数相符，那肯定是在饭店遗失，有可能饭店行李员误投房间或是漏投，可以在全团成员房间内和饭店内寻找；如果饭店行李员接到的行李件数与该团行李总件数不符，同时排除了遗漏在旅游车上没有卸下的可能之后，那说明玛丽小姐的行李是在机场遗失的。

(2) 如果地陪小强严格按照接站工作程序和服务质量标准做好了接站服务，在机场认真清点了全团行李无误，那玛丽小姐的行李就是在机场集合乘车旅游车司机搬运行李到旅游车时，疏忽大意遗漏在乘车地点了。此时，导游员应及时与机场停车场或失物招领处取得联系，查询行李下落。

(3) 如果小强没有在机场核对行李，那就需要询问领队，并查看玛丽小姐的机票和行李票，确认玛丽小姐下飞机后已经顺利领取了自己的全部行李。在这种情况下，玛丽小姐在领取行李之后到集合乘车时，都有可能在机场不小心遗漏了自己的行李，应及时与机场失物招领处联系寻找。

(4) 如果玛丽小姐在下飞机后领取行李时就没有领到其中一件行李，但却因忙乱没有意识到，那可能航空公司的行李托运出了问题，需要向所乘航空公司问询查找。

步骤三：现场处理

(1) 安慰玛丽小姐，仔细询问行李的相关信息，先请饭店大堂经理协助寻找，排除饭店行李员工作失误的可能。

(2) 与旅游车司机一起再次检查车辆的行李舱和行李架，排除行李遗漏在旅游车上的可能。

(3) 与机场失物招领处联系，详细说明玛丽小姐的行李外观特征、航班信息以及导游员的联络方式，请其协助查找。

(4) 若确定是在托运途中行李遗失，责任一般在航空公司，导游员要与失主一起去机场行李查询登记处办理行李丢失认领手续，出示证件、机票和行李卡，并填写丢失行李登记表。写明航班号，始发站，经停站，行李件数、大小、形状、特色、标记、颜色等；留下失主姓名、下榻饭店名称；同时记住登记处的电话、联系人姓名，有关航空公司的地址、电话等。

（5）及时帮助玛丽小姐购置必备的生活用品。

【小贴士】

在行李托运过程中，除了发生行李遗失的情况外，还会出现行李破损的情况。如果旅游者的托运行李破损，导游员可以协助做好以下工作：

1. 在机场做好申报和登记

在机场发现行李破损，导游员应该陪同行李的主人持机票（电子客票）、登机牌、行李牌和身份证件到机场行李查询处申报，填写行李运输事故登记单。

2. 行李破损赔偿

在托运过程中，行李箱或行李中的物品遭到损坏，如查明是由于航空公司的疏忽或不当搬运所致，航空公司需承担一定的赔偿责任。一般情况下，旅游者可以提出以下4种赔偿要求：以旧换新、退旧买新、修理报销或现金赔偿。航空公司会根据行李的折旧情况和破损情况，酌情赔偿。

步骤四：后续服务

（1）在京期间，地陪应当面为失主多次打电话询问行李查找进程。

（2）离京时还找不着行李，导游人员应将旅游团在中国的全部行程（旅游路线、抵达各地的日期、接待社名称和将下榻的饭店）转告有关航空公司，以便找到行李后及时交还失主。

（3）行李一时找不回来，导游员要协助失主购买必要的生活用品，并提醒她保存购物发票，照顾好她的生活并帮助她按规定索赔。

（4）行李确系丢失，就应追查相关人员的责任，并协助失主按规定索赔。

航空公司对行李丢失的赔偿标准有国内与国际之分。根据《国内航空运输承运及赔偿责任限额规定》，旅客行李丢失的赔偿标准为100元/公斤；而国际航线则根据《蒙特利尔公约》的规定，每公斤赔偿30美元，托运行李和非托运行李最高限额为1000特别提款权（1个特别提款权价值约等于1.37美元，其比价浮动）。无法确认重量时，按照旅客舱位等级所享受的免费行李重量赔偿。

航空公司托运行李发生延误，一次性赔偿标准为：普通舱300元人民币、公务舱400元人民币、头等舱500元人民币。

（5）写出书面报告。

步骤五：做好预防

1．严格按规范做好行李的清点工作

导游员在接站服务中，要严格按照工作程序和规范做好行李的清点工作，核实无误之后，方可带旅游团前往乘车处。旅游车司机装运行李时，导游员要注意交代清楚行李总件数，提醒旅游者带好随身小件物品，并协助做好检查；在确认所有行李全部装运到旅游车后，再次请旅游者确认带好随身物品，方可以离开机场。

2．严格按规定交接行李

旅游团到达下榻饭店后，与饭店行李员进行交接行李时，要严格按规定检查、清点、签字、交接，认真做好行李的交接工作。

【服务锦囊】

导游员在带团过程中，要提醒乘坐飞机的旅游者特别注意事项，以防行李遗失或是破损带来的严重损失。

1. 贵重物品丢失，不赔偿

不少旅旅游者为登机轻便，往往将便携式计算机、数码相机等贵重物品塞入行李箱，以为塞在衣服里保护就没问题。实际上，航空行李的搬运往往丢来丢去，比较“粗鲁”，为免意外，最好不要把贵重及易碎物品放在行李中托运。

一般来说，若托运行李中有贵重物品，如现金、票据、便携式计算机等，航空公司有权利不予赔偿。此外，假如旅客没有按时办理登机和行李托运手续，或托运行李中有违禁物品，航空公司也有权不赔偿。

不过，在搭乘国际航线时，若所丢失的托运行李价值较高，旅客同时能够提供相关价值证明材料，也可根据《蒙特利尔公约》进行索赔。

2. 提醒旅游者自我防范，有备无患

丢失行李有时候不一定是航空公司的责任，可能是旅客太多造成行李认领混乱，抑或自己的行李箱与别人的太相像，被误领了。因此，旅客为避免行李丢失，应尽量做到以下几点:

（1）把要托运的行李整理好。《中国民航旅客、行李国内运输规则》规定，托运行李必须包装完善、锁扣完好、捆扎牢固，能承受一定的压力，能够在正常的操作条件下安全装卸和运输，否则，航空公司可以拒绝收运。而国际航班并不强制旅客将行李上锁，一般建议尽量锁上。须注意，美国机场一般不允许行李上锁，因此更要好好整理。

（2）避免行李过重。托运时，行李的重量一般都有限制。乘客应尽量避免将过重的行李进行托运，以免造成行李损坏。

（3）给行李箱做好记号。为方便一眼认出自己的行李箱，不妨标新立异一下，给自己的行李箱做个性涂鸦、贴纸等装饰，也可以绑一条惹眼的丝巾，或在行李箱上做出姓名等显示身份的标记。这样即使被拿错，他人也可根据行李箱上的信息找到失主。

（4）拿到行李后，第一时间要清点主要物品，确认无误后再离开。

活动三　物品遗失的预防和处理

活动目标

掌握旅游者物品遗失的处理方法，能正确处理物品遗失的突发情况。

活动案例

导游员小李接待某美国团队在北京旅游5日，第四天团队在南锣鼓巷自由活动3个小时，突然，小李接到领队的电话，说旅游者怀特夫人把自己的随身背包弄丢了，背包里有钱包、数码单反相机、变焦镜头、手机等贵重物品。

请问：如果你是导游员小李，该如何应变处理？

活动步骤

步骤一：了解情况

(1) 稳定失主情绪，尽可能详细地了解物品的丢失经过，丢失物品的数量、形状、特

征、价值。

（2）帮助失主回忆，了解发现丢失前后所到场所和行走路线，尽可能缩小丢失物品的可能时间和地点的范围。

步骤二：分析判断

（1）背包如果是在怀特夫人挑选商品的过程中随手放在视线之外的某个地方，稍后就不见了，有确定的地点和时间，可以判断是被偷了，导游员需要协助失主及时报案。

（2）如果怀特夫人自己也不确定是什么时间和地点背包就不见了，有可能是遗漏在某个地方忘了，一方面可以积极返回寻找，向游览地的管理部门求助；另一方面为了预防被盗，也可以同时报案。

步骤三：应变处理

（1）安慰失主，帮助其回忆、了解具体情况及信息，仔细分析物品的丢失原因，迅速判断财物是遗失还是被盗。

（2）导游人员首先要帮助失主在尽可能的范围内寻找。

（3）立即向遗失地管理部门、派出所挂失或报案，并开具相关证明；若失主遗失了上过保险的物品，还需提醒失主及时向保险公司报案。

（4）及时报告旅行社，听取指示并开具遗失证明。

步骤四：后续服务

1．协助失主开具必要证明

（1）丢失旅行支票、信用卡等票证，失主应同时向遗失地派出所和相关银行报失。

（2）丢失的如果是贵重物品，失主应持遗失地派出所开具的报失证明、本人护照或其他有效身份证件到北京市公安局出入境管理处填写失物经过证明，列出失物清单；丢失的如果是入境时向海关申报的物品，失主应出示中国海关行李申报单。

（3）丢失的如果是行李申报单，要在公安局申请办理中国海关行李申报单报失证明。

（4）丢失的如果是在国外办理了财产保险的物品，要在公安局出入境管理处办理财物报失证明。

公安机关开具的上述证明，可供失主离境时由海关查验或回国后向保险公司索赔。

2．做好服务和提醒工作

（1）在后续的游览服务中特别关注失主，尽可能地做好照顾和安慰工作，尽力削弱其因物品遗失所带来的不愉快情绪。

（2）积极协助有关部门调查，争取早日破案，挽回损失。

（3）反复提醒旅游团其他成员注意保管好自己的随身物品，避免再发生此类事故。

（4）提供热情、周到、细致的导游服务，保障旅游活动的顺利进行。

步骤五：做好预防

1．多做提醒工作

导游人员要不厌其烦地反复提醒旅游者保管好自己的财物，这是防止物品遗失或失窃的最有效的方法。

（1）入住饭店，提醒旅游者保管好贵重物品，不要随身携带贵重物品和大量现金，更不要将其放在客房内。离开饭店时，提醒将贵重物品存放在保险柜内的旅游者取出存放的物品。

(2) 到景点下旅游车时，提醒旅游者不要将贵重物品遗留在旅游车上，在参观游览时，随时提醒旅游者带好随身物品；在热闹、拥挤的场所以及在商场购物时，要一再提醒旅游者保管好自己的证件、钱包和物品；用餐后离开餐厅时，提醒旅游者带好随身物品。

(3) 结束游览活动离开时，要多次提醒旅游者检查自己的财物，不要遗忘任何物品；到机场、车站时，提醒旅游者带好随身物品；旅游者下车后，导游人员要检查车厢，发现旅游者的物品，应立即交还。

2. 提醒司机关好旅游车的门窗

在游览期间，要随时提醒司机在旅游者下车后关好旅游车的门窗，最好不离开旅游车，若离开，一定要锁好车门。旅游者返回上车时，要尽量阻止小商贩上车兜售商品。

【知识链接】

旅游者行李物品丢失的法律责任分析

在旅游过程中旅游者物品被盗丢失产生的纠纷困扰着旅游者和旅行社，如何采取必要的措施避免类似问题发生、出现纠纷后如何区分主体责任，需要旅行社具体掌握。

《最高人民法院关于审理旅游纠纷案件适用法律若干问题的规定》第二十二条规定："旅游经营者或者旅游辅助服务者为旅游者代管的行李物品损毁、灭失，旅游者请求赔偿损失的，人民法院应予支持，但下列情形除外：（一）损失是由于旅游者未听从旅游经营者或者旅游辅助服务者的事先声明或者提示，未将现金、有价证券、贵重物品由其随身携带而造成的；（二）损失是由于不可抗力、意外事件造成的；（三）损失是由于旅游者的过错造成的；（四）损失是由于物品的自然属性造成的。"本条对于旅游者出行所带的物品做了一个分类，即"行李物品"和"随身物品"。对于"随身物品"来讲，主要包括：现金、有价证券、贵重物品等，旅行社对此无保管义务，对于这类物品丢失，其无须承担任何责任，但应当提示旅游者随身携带，不要放入行李物品中。

对于"行李物品"来讲，最高人民法院出版的《最高人民法院审理旅游纠纷案件司法解释理解与适用》指出了该法条的适用规则：第一，合同明确约定了旅行社对于旅游者的行李物品负有保管职责的，若发生行李物品丢失，旅行社应承担违约责任；当然这种合同约定可以体现在旅游合同中，也可以体现在双方单独订立的保管合同中。第二，本条仅是规定旅游车上行李物品的丢失问题，旅游者在旅游过程中行李物品在飞机、火车、轮船上丢失或损毁的，由铁路、航空等部门依据《民用航空法》《铁路法》等法律的相关规定进行赔偿。之所以如此规定，是因为旅行社代管旅游者的行李物品属于合同附随义务，附随义务的范围应当"与合同目的密切相联系"为限。在景区游览过程中，要求旅游者随身携带大量行李物品进行游玩显然不能够实现合同目的，此时旅行社应当尽到合同附随义务，代管旅游者行李物品，实践中通常是将其放置于旅游车内，此时旅行社更能经济、合理、有效地控制潜在风险。

除了旅游大巴行李物品丢失的问题外，还有三个时间段易发生类似问题：一是在公共运输工具上（如火车、飞机）的物品丢失；二是在宾馆、酒店的房间内物品丢失；三是在就餐等活动中旅游者随身物品丢失。

这三种情形，旅行社不负有行李物品保管义务。主要理由为：第一，从旅游合同目的实现来看，由旅游者保管行李物品并不影响其游览景点、愉悦身心的旅游目的，所以不能将旅行社的合同附随义务扩大到这个范围；第二，从能力控制来看，旅行社不具备统一保管全部旅游者行李物品的能力；第三，从效益原则来看，旅游者更能经济、合理地控制潜在风险；第四，从安全保障义务性质来看，这个义务是双边义务，旅游者也具有注意自身人身、财产安全的义务。但此时，旅行社应尽到必要的提示义务，比如在航班、火车等公共交通工具上提示旅游者注意保管好自身的行李物品；在酒店住宿时，提示旅游者锁好门窗，如果有非常贵重的物品应当放置于酒店前台或房间保险箱内；对于老年旅游者等特殊群体，由于其对环境的安全判断能力较弱，在游览、就餐、住宿等过程中导游更应尽到警示义务。

（摘自《中国旅游报》2013年5月6日，作者：青岛市旅游监察大队黄瑞鹏）

案例拓展

导游员小王接待的某旅游团计划于12月23日8:00乘飞机由W市飞抵S市。由于是早航班机，旅游团成员23日5:00叫早，5:30退房，5:45由酒店出发前往机场。就在该团即将抵达机场时，团员K夫人神色慌张地告诉小王，她的一条钻石项链放在枕头底下，因走得匆忙，忘了取出，希望能立即返回酒店寻找。

请问：如果你是导游员小王，你该如何应对处理？

○ *专家解析*

导游员小王首先要安慰K夫人，请其不要慌张，劝说其跟随全团到机场乘机；详细了解情况，核实确认其所住房间号及钻石项链的特征；及时与下榻酒店前台取得联系，说明情况，询问酒店是否有人报告客人遗漏钻石项链的信息，请酒店帮助尽快查找；在等待酒店信息的同时，提醒K夫人再仔细在自己身上和行李中查找，是否记错了或放在其他行李中；如果酒店已查找到钻石项链，请其工作人员尽快乘出租车送达机场，所需费用由K夫人全部承担；如果酒店没有找到项链，小王要及时报告接待社，听取指示并开具遗失证明，并尊重K夫人本人意愿，必要时协助其向公安机关和保险公司报案；一旦找到项链，旅行社代为保管设法将项链送到该团行程的下一站，或在出境前设法送到旅游者手中；如找不到，旅行社需要开具必要证明，如果该项链是在国外办理了财产保险的物品，还要在公安局出入境管理处办理《财物报失证明》，以备失主回国后向保险公司索赔。

任务六　旅游者走失的预防和处理

任务说明

旅游者在游览活动期间走失分为两种情况：其一是在旅游者自由活动期间，因没记住下榻酒店的名字和位置、路线不清、身体不适等走失；其二是在景点参观游览过程中因照相、上卫生间、随意自由活动等脱离团队，发生迷路走失的情况。如今是信息时代，绝大多数旅游者都有手机，发生旅游者走失之后，一般情况下都能通过手机联系上寻找到；但是在老年团队和学生团队中，会有个别旅游者没有手机，经常出现老年旅游者和学生忘了充电，手机没电关机等情况。

旅游者走失，会扰乱团队日程顺利进行，会给旅游者带来恐慌和不安；严重的时候还会因走失危及旅游者的生命安全，造成重大损失和不良影响。因此，导游人员要增强责任心，努力避免旅游者走失，做好导游服务工作。

活动一　自由活动时旅游者走失的预防和处理

活动目标

掌握旅游者在自由活动时走失的预防和处理方法，能正确处理自由活动时旅游者走失的情况。

活动案例

某年的国庆节，地陪小张带一个来自杭州的38人旅游团游览北京。接待计划上的安排是10月3日下午自由活动，10月4日早上坐火车离京返杭。10月3日中午，旅游者中有很多人要去逛商店，小张告知了他们北京主要商场及交通等情况，建议大家结伴而行、尽早返回酒店，并留给了大家自己的手机号码后，就回到了公司。到了晚上21:30左右，小张突然接到旅游团成员潘先生从酒店打来的电话，说与他同屋的老年旅游者至今没回到饭店，他的手机始终关机联系不到本人，估计是走失了。

请问：如果你是导游员小张，该如何正确处理？

活动步骤

步骤一：了解情况

（1）及时了解走失旅游者的姓名、年龄、体貌特征，有无亲友随团、身体健康情况、在本地有无亲友等信息。

（2）向同屋的潘先生以及其他团队成员了解情况，走失的老先生在下午自由活动中是否与其他成员结伴而行，或是有谁看到或了解他自己单独去了什么地方。

步骤二：分析判断

（1）老先生独自自由活动，手机关机联系不上，较晚了还未回归饭店，极有可能是发生了走失。

（2）了解老先生在本地是否有亲朋好友的信息，要排除老先生利用自由活动时间探访本地亲友、甚至留宿亲友家中的情况。

（3）了解老先生身体健康情况，还需排除是否在自由活动中突发疾病或其他意外事故，可以向110或999求助查询。

步骤三：应变处理

（1）得知旅游者走失的消息，导游员需立即报告接待旅行社，请求指示和帮助。

（2）通过旅行社或饭店向公安机关报案，并告知走失者可以辨认的特征，请求帮助寻找。

（3）向110或999报警热线求助，排除走失旅游者发生意外事故的可能。

（4）请同屋的潘先生不要离开房间，一旦老先生回到酒店，要及时联系导游员。

（5）找到走失者，应予以安抚，稳定他的情绪；必要时应提出善意的批评，并以此为戒，提醒旅游者避免再次发生类似事故。

步骤四：后续服务

（1）若走失过程中发生其他事故，视具体情况妥善处理。

（2）写出书面报告。

步骤五：做好预防

旅游者自由活动当天，导游员要做好必要的提醒和嘱咐工作。

（1）提醒旅游者结伴而行，避免独自行动；不要去热闹、拥挤、秩序乱的场所，不要去太过偏远的地方，要尽早返回酒店。

（2）提醒旅游者拿好下榻饭店的卡片，记住饭店名称和联系电话，必要时乘坐出租车回酒店；一旦发现迷路或其他问题，第一时间求助于导游员。

（3）不要乘坐黑出租车，不要听信陌生人的承诺和邀请，到正规购物场所购物。

（4）如果有可能，导游员可以提前了解旅游者在自由活动时的不同需求，针对性地给予相应的指导和帮助，从而有效预防旅游者走失。

活动二　景点游览时旅游者走失的预防和处理

活动目标

掌握旅游者在景点游览时走失的预防和处理方法，能正确处理景点游览时旅游者走失的情况。

活动案例

某年暑假，由80人组成的Y市中学生旅游团到北京游览。旅游团分乘两辆车前往颐和园，到达颐和园时，入口处已是人山人海。两位地陪商量后，决定A车学生从东宫门进，B车学生由北门入园，三个小时后在新建宫门口集合。

两个小时后，A车一行40人游览了石舫，地陪清点人数，40名旅游者都在现场，便带团登船前往东岸文昌阁。船抵码头，旅游者陆续下船，地陪一点人数，少了喜欢照相的4名学生。这4名学生都没有手机，这下带队的老师、全陪和地陪都着急了。请问：此时地陪应如何处理？

活动步骤

步骤一：了解情况

（1）询问带队教师，了解这4名同学的基本情况，如姓名、性别、年龄、体貌特征等。

（2）询问周围学生，了解这4名同学脱离团队的原因和可能的行踪。

步骤二：分析判断

（1）走失的学生如果结伴而行，走失的可能性较小，可以让全团在原地稍作休息等候。

（2）如果走失者还是没有归队，也可与全陪配合，让全陪带团队继续向前游览，自己沿路返回寻找。

（3）如果景点面积较大、路线复杂、游人众多，最便捷的办法就是求助于游览景点服务处，反复广播寻人，帮助走失学生尽快归队。

步骤三：应变处理

1．当发现有旅游者没跟上来，导游员可以带团在原地稍作等候

导游员能够首先选择“稍作休息等候”，这取决于地陪在游览服务全程都严格按照工作不多，导游人员可协助旅游者在附近寻找医疗点，消毒包扎；被动物咬伤，应去医院消毒、打破伤风针或狂犬疫苗等；小伤口进行简单处理后就可以止血；较大的伤口一般可采用指压法、包扎法、止血带法等方法止血；较重的外伤在进行现场初步处理后应尽快送往医院。重伤者急送医院时，应请医务人员护送，没有医务人员在场的运送是非常危险的。只有单纯脑震荡的受伤者，在没有医务人员的条件下可运送。

步骤二：现场处理

（1）迅速查看旅游者伤情，初步判断伤势的严重程度，根据现场情况及时采取止血、包扎等紧急处理措施。

（2）及时与旅游景区的管理部门和医疗站联系，请其协助对伤者进行紧急处理，并安排车辆尽快送伤者到附近医院治疗，或直接拨打120或999寻求救援。

（3）安排旅游团中的核心成员（或是旅游团的领队或全陪）护送伤者到医院救治。

（4）及时报告旅行社，请其马上派人协助配合处理，到医院探望并了解伤者的救治情况。

（5）通知伤者所在单位领导，并通过其单位通知家属，请他们及时赶往医院。

（6）安抚其他旅游团成员情绪，再次提醒注意安全，继续组织带领旅游团按计划开展旅游活动。

步骤三：后续服务

（1）结束当天的导游服务工作后，导游员要及时赶往医院，探视伤者的病情。

（2）在受伤旅游者在医院住院治疗期间，导游员即使已完成该团的导游服务，也要抽时间去医院探视，了解旅游者的康复情况。

（3）协助旅游者做好保险索赔、医疗费用报销等后续工作。

步骤四：做好预防

（1）在带团期间，旅游团成员参加野外拓展活动、有风险的体验活动、景点参观游览活动时，无论是旅行社组织的团队活动、还是旅游者自由活动中的自费项目，导游员都务必在活动前认真、仔细、全面地说明安全注意事项，特别提醒旅游者要随时注意自身安全。

（2）在活动中，要特别注意照顾好老年旅游者，反复提醒带小孩的旅游者照顾好自己的孩子，注意挑选平坦的道路。

【知识链接】

急救止血法

（1）一般止血法。针对小的创口出血。需用生理盐水冲洗消毒患部，然后覆盖多层消毒纱布用绷带扎紧包扎。注意：如果患部有较多毛发，在处理时应剪、剃去毛发。

（2）指压止血法。只适用于头面颈部及四肢的动脉出血急救，注意压迫时间不能过长。

1）头顶部出血。在伤侧耳前，对准下颌耳屏上前方1.5厘米处，用拇指压迫颞浅动脉。

2）头颈部出血。4个手指并拢对准颈部胸锁乳突肌中段内侧，将颈总动脉压向颈椎。注意不能同时压迫两侧颈总动脉，以免造成脑缺血坏死。压迫时间也不能太久，以免造成危险。

3）上臂出血。一手抬高患肢，另一手4个手指对准上臂中段内侧压迫肱动脉。

4）手掌出血。将患肢抬高，用两手拇指分别压迫手腕部的尺、桡动脉。

5）大腿出血。在腹股沟中稍下方，用双手拇指向后用力压股动脉。

6）足部出血。用两手拇指分别压迫足背动脉和内踝与跟腱之间的胫后动脉。

（3）屈肢加垫止血法。当前臂或小腿出血时，可在肘窝、膝窝处放一纱布垫、棉花团或毛巾、衣服等物品，屈曲关节，用三角巾做“8”字形固定。但骨折或关节脱位者不能使用。

（4）橡皮止血带止血。常用的止血带是1米左右长的橡皮管。绑止血带的部位要在创口上方（近心端），尽量靠近创口；绑止血带紧松要适度，只要摸不到远端脉搏或出血停止就行；使用止血带要加垫，不要直接扎在皮肤上；绑止血带的时间要认真记载，每隔30分钟应放松1次（每次1～2分钟），松时慢慢用指压法代替。

（5）绞紧止血法。把三角巾折成带形，打一个活结，取一根小棒穿在带子外侧绞紧，将绞紧后的小棒插在活结小圈内固定。

（6）填塞止血法。将消毒纱布、棉垫、急救包填塞、压迫在创口内，外用绷带三角巾包扎，松紧度以达到止血为宜。

活动案例2

一日本旅游团在山区游览时，两名旅游者不慎掉入山沟，一人伤势严重，躺在沟底，站立不起来了。请问：导游员该如何正确处理？

活动步骤

步骤一：了解情况，判断伤情

旅游者摔伤，多发骨折，对骨折的伤情，导游员要做如下判断：

(1) 受伤后，忌按摩揉搓，疑为骨折时，要让患者停止活动。

(2) 对开放性骨折，必须进行必要的现场处理，设法止血、消毒。

(3) 四肢骨折应设法就地取材进行固定。例如，用厚纸板、平直的木板树枝、毛巾等垫好后用布条将伤肢固定；也可将伤肢固定在健肢或躯干上：右腿骨折，固定在左腿上，上肢骨折，固定在胸部；四肢骨折固定时，要上肢屈肘，下肢伸直，固定范围包括上下关节。

(4) 脊椎疑为骨折时，让伤者平卧木板上，固定好后才能搬运。

步骤二：现场处理

(1) 立即组织抢救，救起后应对伤员做初步处理，如止血、包扎、固定等，忌按摩揉搓。

(2) 自己无力抢救时，导游员应及时向当地救援组织和急救中心联系，拨打120或999请求援助。

(3) 立即向旅行社及有关部门报告，并请其派人支援后续服务。

(4) 尽快送伤者到最近医院救治，请领队和旅游团中亲友陪同前往。

(5) 安抚其他旅游团成员情绪，再次提醒注意安全，继续组织带领旅游团按计划开展旅游活动。

【服务锦囊】

受伤旅游者送达医院，如急救需签字，签字者应是旅游者亲属或旅游团领队或成员。接待方人员，包括导游人员，不能签字。

步骤三：后续服务

1．伤者在医院救治期间，导游员应做好以下服务

（1）尽可能了解伤者病史及救治情况，转交医院做参考。

（2）旅游者病危时，要提醒领队向其驻华使领馆通报；需要病人家属来京时，提醒领队尽快通知；病人亲属来京后，要照顾好他们的生活。

（3）提醒医院妥善保存由主治医生签字的有关诊治、抢救或动手术的书面材料。

（4）由旅行社派人协助照顾病人，办理相关事宜，地陪应带领旅游团按计划活动。

（5）帮助患者办理的各种手续所需费用由患者自理。

（6）患者因病住院所需费用应自理。如果患者现金不足，由领队或其驻华使领馆垫付，或请领队、组团社与境外旅行社、患者家属或保险公司联系解决医疗费用问题。

（7）患者离团住院期间未享受的综合服务费，按协议规定处理。

2．重伤者若不能随团离境时，导游员需要做好以下服务

（1）不时去医院探视，帮助其解决生活方面的问题。

（2）持旅行社证明帮助办理分离签证手续，必要时帮助办理延长签证手续。

（3）出院时帮其办理出院手续；并帮其办理机票再订座手续及其他回国手续，安排车辆，送其去机场。

（4）上述各项所需费用均由旅游者自理。在他离团住院期间未享受的综合服务费，按协议规定处理。

3．协助受伤旅游者准备好后续的保险索赔等相关材料

步骤四：做好预防

（1）带领旅游团到山区旅游，提前要充分考虑到山路险峻、环境复杂的情况，必要时导游员要提前踩点，选择安全的行进路线，了解景区救护措施，做好安全防范，降低风险。

（2）活动之前要提醒旅游者穿着适合登山的衣服和鞋，不要随意脱离团队自行活动，照相时一定要注意脚下安全；活动当日还要再次反复提醒安全注意事项。

（3）尽量避免组织旅游团到比较偏远的、未经开发建设的、设施设备不完善的、地形环境比较复杂的景区游览。

【知识链接】

骨折急救五原则

骨折通常分为闭合性和开放性两大类。闭合性骨折是指皮肤软组织相对完整，骨折端尚未和外界连通；开放性骨折则是指骨折处有伤口，骨折端已与外界连通。全身各个部位都可发生骨折，但最常见的还是四肢骨折。下面是骨折后急救的5个原则：

原则一：抢救生命

严重创伤现场急救的首要原则是抢救生命。如发现伤员心跳、呼吸已经停止或濒于停

止，应立即进行胸外心脏按压和人工呼吸；昏迷病人应保持其呼吸道通畅，及时清除其口咽部异物；病人有意识障碍者可针刺其人中、百会等穴位；开放性骨折伤员伤口处可有大量出血，一般可用敷料加压包扎止血。严重出血者若使用止血带环扎伤口的上方（靠近心脏一端）止血，一定要记录开始使用止血带的时间，每隔30分钟应放松1次（每次1～2分钟），以防肢体缺血坏死。如遇以上有生命危险的骨折病人，应快速运往医院救治。

原则二：处理伤口

开放性伤口的处理除应及时恰当地止血外，还应立即用消毒纱布或干净布包扎伤口，以防伤口继续被污染。伤口表面的异物要取掉，外露的骨折端切勿推入伤口，以免污染深层组织。有条件者最好用高锰酸钾等消毒液冲洗伤口后再包扎、固定。

原则三：简单固定

现场急救时及时正确地固定断肢，可减少伤员的疼痛及周围组织继续损伤，同时也便于伤员的搬运和转送。但急救时的固定是暂时的。因此，应力求简单而有效，不要求对骨折准确复位；开放性骨折有骨端外露者更不宜复位，而应原位固定。

急救现场可就地取材，如木棍、板条、树枝、手杖或硬纸板等都可作为固定器材，固定不应过紧：木板和肢体之间垫松软物品，再用带子绑好，木板长出骨折部位上下两个关节，如果没有木板可用树枝、擀面杖、雨伞、报纸卷等物品代替。如找不到固定的硬物，也可用布带直接将伤肢绑在身上，骨折的上肢可固定在胸壁上，使前臂悬于胸前；骨折的下肢可同健肢固定在一起。

原则四：必要止痛

严重外伤后，强烈的疼痛刺激可引起休克，因此应给予必要的止痛药。例如，口服止痛片，也可注射止痛剂，如吗啡10毫克或哌替啶（杜冷丁）50毫克。但有脑、胸部损伤者不可注射吗啡，以免抑制呼吸中枢。

原则五：安全转运

经以上现场救护后，应将伤员迅速、安全地转运到医院救治。转运途中要动作轻稳，防止震动和碰坏伤肢，以减少伤员的疼痛，注意其保暖和适当的活动。上肢骨折可扶伤者到医院就诊，脊柱、腰部及下肢骨折则必须用担架运送，而且搬动伤者前需确认伤者情况，不能搬动或者挪动伤者肢体，以免造成二次伤害。

如果是颈椎部位的骨折，不当急救操作可使颈部脊髓受损，发生高位截瘫，严重时导致呼吸抑制危及生命；胸腰部脊柱骨折时，不恰当的搬运也可能损伤胸腰椎脊髓神经，发生下肢瘫痪。故此类骨折伤员最好是由急救中心的专业医护人员进行搬动和转运。

新闻阅读

旅游发生意外伤害，责任如何界定?

【新闻镜头一】

○ **事件回顾**

某日，李先生一行8人，参加了某旅行社组织的新、马、泰、港、澳15日游。根据合

同约定，李先生交纳个人旅游费7800元，旅行社提供境外交通、住宿、餐饮、基本景点门票及游览期间旅游意外保险。26日李先生在泰国乘快艇游览芭堤亚岛返回时，海面突起狂风，风大浪急，快艇颠簸，造成李先生腰椎压迫性骨折。上岸后，旅行社将其送往曼谷芭堤亚医院。因为病情原因，李先生不得不住院治疗，终止以后的游览行程，直接乘飞机返回国内。李先生因为15日游程被迫终止，于是向质监所投诉，要求旅行社退赔其境外未游览行程的所有旅游费用。

❍ *旅行社方辩解*

事故发生后，旅行社已对旅游者进行了及时的医疗救治，支付了有关医疗费用，并妥善安排其返回国内。同时，旅行社积极协助旅游者索取了有关事故证明材料，为旅游者办理意外保险索赔提供了充实依据。因此，不应退还其未游览行程的所有费用。

❍ *质监所处理结果*

此案属于旅游意外事故。被诉方旅行社在组织旅游活动之前已对其安全状况及注意事项向旅游者做了充分说明及告示。因此，旅行社对其有关事故不负赔偿责任。

投诉人交纳旅游费用7800元，旅行社方为其支付了办证费，境外全程交通费，前5日行程的游览、住宿、餐饮费及境外医疗费共计6900元。因此，旅行社应退还投诉人旅游费用余额900元。

❍ *行家点评*

（1）出境旅游的价格涉及境外旅行社的报价，不同季节（节假日）时有变化。旅游者出境旅游应首先选择具有出境游资格的旅行社，同时应咨询和选择适合自己的旅游线路和价格，并签订旅游合同。

（2）根据国家有关规定，所有旅行社都必须投保旅行社责任保险，同时向旅游者推荐旅游者个人保险。旅游者在旅行过程中发生意外，如系旅行社方面责任，将可获得双重保险。

（3）旅游者在旅游过程中如发生意外事故，应及时取得事故发生地公安、医疗、承保保险公司分支机构及旅行社方出具的有效凭证，以便向承保保险公司办理理赔事宜。

【新闻镜头二】

❍ *事件回放*

2013年2月7日，旅游者张某随单位20余人，在某旅行社两位导游员的带领下前往一家滑雪场，参加了该旅行社组织的滑雪二日游。由于在滑雪过程中不慎滑倒摔伤，张某要求旅行社赔付医疗费、误工费等共计3.6万元，因与旅行社协商未果，遂投诉至质监所。

张某称，他们当天下午2点左右到达滑雪场，在滑雪场门口，导游员购买了门票，并未告知旅游者相关注意事项。旅游者领完滑雪用具后直接进入滑雪场，且雪场周围没有防护措施。她在滑雪时不慎摔倒，随即要求雪场工作人员派车将其送往附近的镇卫生院。而此时旅行社的两位导游员均找不到，为了争取时间，她在同事的陪同下，在雪场司机的帮助下赶往镇卫生院。

经检查，张某被确诊为肱骨骨折。因伤势严重，医生要求其立即赶回郑州做手术。张某的同事一直在和旅行社联系，要求派车。然而，旅行社的导游员既不联系车辆，也未在第一时间赶到卫生院看望伤者，反而提出出车费旅游者自付。直到下午四点半，旅行社仍未派车。不得已，张某自己花了1000元租车到郑州市骨科医院住院治疗。

❍ 专家分析

《旅行社条例》第三十九条规定："旅行社对可能危及旅游者人身、财产安全的事项，应当向旅游者做出真实的说明和明确的警示，并采取防止危险发生的必要措施。发生危及旅游者人身安全的情形的，旅行社及其委派的导游人员、领队人员应当采取必要的处置措施并及时报告旅游行政管理部门；在境外发生的，还应当及时报告中华人民共和国驻该国使领馆、相关驻外机构、当地警方。"结合在本次旅游事故中导游员的具体表现，导游员的问题在于：一是没有尽到"安全提示"义务，二是在旅游者发生意外事故后没有采取适当的处置措施，三是没有及时报告旅游行政管理部门。

近年来，随着旅游产品的开发与供应日益丰富，一些体验型产品频频出现旅游事故，这就对旅行社和导游员提出了更高的要求，特别是旅游前的"安全提示"责任。

具体到本案，首先，旅游者领完滑雪用具进入滑雪场前，旅行社的导游员和雪场的工作人员没有召集大家进行安全方面的提示。滑雪等旅游项目很刺激，但风险也大，很多滑雪场就规定，旅游者必须购买意外伤害险，而且要进行安全方面的培训。

其次，导游员在事故发生后没有及时采取必要措施，甚至旅游者一度连导游都找不到。在这起投诉中，我们发现旅游者摔伤后没有得到及时的救治，拖延长达近3个小时，甚至导游员还以旅游者自行承担租车费用作为其履行义务的前提，给旅游者的精神和身体都造成了很大伤害，导致旅游者神经受损，左手因伤及神经到现在还不能动。

再次，在旅游者发生意外伤害事件后，旅行社应承担责任会视情况而定，并非全部由旅行社承担。比如在本起投诉中，景区需承担首要责任，旅游者自身也有一部分责任，旅行社的责任不会太大。所以，导游应该在事故发生后的第一时间内，对旅游者进行救治，并向旅行社负责人汇报此事，积极协调景区进行处理；而不应在"钱"的问题上推诿，凉了旅游者的心、坏了旅游业的名声，这既是旅行社及导游的职责所在，也是法律的规定。在现实中，旅游事故形式不一、形态各异，但导游人员在处理意外事故时，还是有一些基本的原则可循。比如及时对旅游者进行安抚、联系附近的相关医疗机构、报警等，只要有条不紊地解决问题、为旅游者做好服务，就可以得到旅游者的谅解，对整个投诉或事故的处理大有裨益。

最后，就是导游员没有按照《旅行社条例》的规定向旅游行政管理部门报告，如果报告及时的话，旅游行政管理部门就可以督促旅行社及时处置，不但可以及时救治旅游者、维护旅游者的合法权益，也可以使旅游管理做到"端口前移"，有利于及时控制事态，为下一步的协调工作打下基础。

所以，旅行社在日常经营中，应该制定相应的"事故应急处理方案"，导游员也应该有自己的一套人性化、科学化的事故处置步骤和技巧，这样才能真正做到临事不慌乱，进而树立起导游员的良好形象。

活动二 旅游者常见病的预防和处理

活动目标

掌握旅游者常见病的处理方法和预防措施，能正确处理旅游活动中的常见病。

活动案例

某年8月的一天，南京某旅行社导游员小王接待了来自北京的旅游团一行28人。由于当地天气炎热，该团在游览中山陵时，有一名老年旅游者出现浑身乏力、头晕眼花、耳鸣恶心、呕吐胸闷等中暑症状。请问：此时导游员小王应该如何处理？

活动步骤

步骤一：了解情况，判断病情

1．了解判断中暑的原因

旅游者对高温环境适应能力减退，体内产热和吸收热量超过散热量是致病的主要原因。

（1）气候和环境的原因。夏天的7、8、9月，我国南方大多数地区的气温是全年气温最高的时期，日平均气温达到30℃以上，湿度大于60%。

（2）自身原因。平时运动量小，尤其在室外活动少，对疾病的抵抗力和热耐受力较差。特别对于旅游者来说是到了一个新的环境，饮食和睡眠都不适应。

（3）其他原因。有时气温虽未达到高温，但由于湿度较高和通风不良，也可能发生中暑。老年、体弱、疲劳、肥胖、饮酒、饥饿、失水、失盐、穿着紧身不透风的衣裤以及发热、甲状腺功能亢进、糖尿病、心血管病、广泛皮肤损害、先天性汗腺缺乏症和应用阿托品或其他抗胆碱能神经药物而影响汗腺分泌等常为中暑的发病因素。

2．了解判断中暑的轻重

根据发病过程及轻重可分为先兆中暑、轻度中暑和重度中暑。

（1）先兆中暑的症状：大量出汗、口渴、明显疲色、四肢无力、头昏眼花、胸闷、恶心、注意力不集中、四肢发麻等，体温正常或略高，一般不高于37.5℃。

（2）轻度中暑的症状：面色潮红、胸闷、皮肤干热等，或出现早期呼吸循环衰竭症状，如面色苍白、恶心呕吐、大量出汗、皮肤湿冷、体温升高到38℃以上、血压下降、脉搏加快等。

除上述症状外，如果还出现昏倒或痉挛，皮肤干燥无汗，体温在40℃以上症状，说明中暑严重，应紧急处置，对于昏迷者可针刺人中、十宣穴。在急救的同时，应及时送往医院治疗。

根据本案例中的老年旅游者的症状，可判断其属于先兆中暑。

3．了解老年旅游者的身体健康状况，排除其他病症发作的可能

步骤二：现场处理

1．及时对中暑旅游者采取正确的救治措施

（1）搬移：迅速将中暑旅游者抬到通风阴凉的地方，使其平卧并解开衣扣，松开或脱去衣服。如衣服被汗水湿透应更换降温，患者头部可捂上冷毛巾，可用酒精、白酒、冰水或冷水进行全身擦浴然后用扇子或电风扇吹风，加速散热，但不要快速降低其体温；病患旅游者仍有意识时，可让其饮用一些清凉饮料，在补充水分时可加入少量盐或小苏打水，但千万不可急于补充大量水分。

（2）促醒：旅游者若已失去知觉，可指掐人中、合谷等穴位使其苏醒后，再采取中暑急救措施。

（3）转送：对于重症中暑病人，必须立即送往医院诊治。搬运病人时应用担架运送，不可使患者步行，同时运送途中尽可能用冰袋敷于病人额头、枕后、胸口、肘窝及大腿根部，积极进行物理降温转送。

2．安排其他旅游者

安排其他旅游者到阴凉的地方暂时休息，或是小范围的自由活动，交代注意事项，提醒旅游者注意避暑。

步骤三：后续服务

（1）如果现场采取处理措施之后，旅游者中暑症状已明显缓和，不用送医院治疗，可护送安排旅游者到旅游车上休息等待，不能让其再继续随团活动。

（2）如果旅游者入院治疗，需要及时探望，并提醒其保存好单据，协助其做好医疗报销或保险事宜。

（3）对团队后续旅游活动注意加强防暑措施。

步骤四：做好预防

在夏季旅游，由于气温高、相对湿度大，体弱疲劳的旅游者中暑时有发生，导游人员要采取有效措施，尽量避免中暑事故的发生。

（1）户外活动最好避开正午，避免长时间在户外行走活动，并建议旅游者戴宽边帽或打遮阳伞。

（2）提醒旅游者多喝水，不要等口渴再喝水，出汗较多时可适当补充一些淡盐水。

（3）建议旅游者穿透气性好、宽松的衣服，以免大量出汗时不能及时散热，引起中暑。

（4）提醒旅游者避免饥饿和过度疲劳，建议老年体弱旅游者注意保存体力。

（5）建议旅游者随身携带一些防暑降温药，如十滴水、龙虎人丹、风油精等一定要备在身边，以备应急之用。

【知识链接】

1．晕车的处理

有的旅游者习惯性晕车，也有人因太累、体弱而晕车。对此，导游人员应给予必要的帮助：例如，乘车前，建议旅游者饮食不宜过饱，但也不宜空腹乘车，少食油腻食物，多食易消化食物。乘车时，尽可能将其安排在旅游车前部、顺方向座位，建议其少看车外移动物体；让其在乘车前半小时服用1片茶苯海明（乘晕宁）、2片维生素B6等；请其在脐部贴橡皮膏等。

缓解、预防晕车的7种方法：

（1）甲氧氯普胺（胃复安）：胃复安1片，晕车严重时可服2片，儿童剂量酌减，于上车前10～15分钟吞服，可防晕车。行程2小时以上又出现晕车症状者，可再服1片。途中临时服药者应在服药后站立15～20分钟后坐下，以便药物吸收。此法有效率达97%，且无其他晕车片引起的口干、头晕等副作用。

（2）鲜姜：行驶途中将鲜姜片拿在手里，随时放在鼻孔下面闻，使辛辣味吸入鼻中。也可将姜片贴在肚脐上，用伤湿止痛膏固定好。

（3）橘皮：乘车前1小时左右，将新鲜橘皮表面朝外，向内对折，然后对准两鼻孔两手指挤压，皮中便会喷射出带芳香味的油雾。可吸入10余次，乘车途中也照此法随时吸闻。

（4）风油精：在乘车途中，将风油精搽于太阳穴或风池穴。亦可滴两滴风油精于肚脐眼处，并用伤湿止痛膏敷盖。

（5）食醋：乘车前喝一杯加醋的温开水，途中也不会晕车。

（6）伤湿止痛膏：乘车前取伤湿止痛膏贴于肚脐眼处，防止晕车疗效显著。

（7）指掐内关穴：当发生晕车时，可用大拇指掐在内关穴（内关穴在腕关节掌侧，腕横纹上约二横指，二筋之间）。

2．晒伤的处理

皮肤晒伤的预防：避免烈日曝晒，外出要撑伞，戴宽边帽，着长袖衣衫，面部及外露部位擦防晒霜，夏季户外活动时间不宜过长，户外游泳时应特别注意防护。

皮肤晒伤的治疗方法：用冰水做冷湿敷；外搽炉甘石洗剂、氧化锌剂或氟轻松（肤轻松）乳膏；必要时同时口服氯苯那敏（扑尔敏）、泼尼松（强的松）及相应对症治疗。一般治疗两三天后症状开始消退而痊愈。

3．虫咬的处理

由于昆虫种类的不同和机体反应性的差异，叮咬处会出现不同的皮肤反应。一般为红色水肿性丘疹，中央可有小水疱，黄豆大小，好发于暴露部位和腰周。常见的如螨，以春、夏、秋季多见。在外旅游时可初步进行紧急处理，之后还要到相关医院就诊。

虫咬后皮肤表象：局部红肿、丘疹、风团或瘀点，表面可出现水疱及大疱，皮损中心可见叮咬痕迹。刺痛、灼疼、奇痒。治疗可用复方消炎霜外搽和抗组胺药内服。

4．家养宠物和野生动物咬伤处理

家养宠物和野生动物的口腔唾液中有可能携带狂犬病毒，很多人不慎被动物咬、抓伤，知道打疫苗，却不知道及时处理伤口的重要性。受伤者首先要立即用清水或肥皂水冲洗伤口，并尽可能地挤出伤口中的污血，减少病毒进入人体内的量，然后及时到疾控部门注射疫苗，这样效果最好。

（1）立刻用清水或肥皂水清洗伤口，清水冲洗时间应大于15分钟，清水的冲洗比较适合很轻的伤口，冲洗时间最好是15分钟以上。有条件的话可以用3%～5%的肥皂水进行冲洗，肥皂水在冲洗充分的情况下，基本上可以将病毒杀死。

（2）用酒精进入冲洗进行简单的消毒。

（3）用碘酒消毒。

（4）打抗狂犬病血清或抗狂犬病免疫球蛋白。

（5）在被可能传染狂犬病的动物咬伤或舔到伤口后4小时内注射狂犬病疫苗。（可到各地疾病预防控制中心或狂犬病免疫预防门诊进行注射）

5．蛇咬急救处理

外出旅游，最好准备好蛇药。若没有蛇药，不慎被蛇咬伤，也不要过于恐慌。

首先要镇定，就地休息，切勿惊慌失措，以免延误时间，使毒素向全身扩散。其次，由于蛇毒素可在3～5分钟内即被吸收，故应立即在距伤口5～10厘米处用带子或手帕等绑扎，每隔15～30分钟放松1～2分钟，以免肢体远端缺血坏死。或者用手挤压伤口周围，尽量将毒液挤出。情况紧急时，也可用嘴吸吮以尽量吸去毒液，每吸一口应立即吐出，并用清水漱口。注意：助吸者口腔必须无黏膜破溃和龋齿，否则也可能造成中毒。如有条件，最好用冰袋、冷毛巾在伤处冷敷，以降低毒素吸收速度，降低毒素中酶的活力。

伤者经就地抢救后，应迅速送医院继续救治，并及早使用抗蛇毒血清治疗。伤者口渴时可饮水，但不要饮酒，以免血液循环加快，毒素加速扩散。

6. 溺水急救处理

在游泳时遇到溺水事故时，现场急救刻不容缓，心肺复苏最为重要。

（1）将溺水者救上岸后，要立即清除口腔、鼻咽腔的呕吐物和泥沙等杂物，保持呼吸通畅；应将其舌头拉出，以免舌后翻堵塞呼吸道。

（2）将溺水者的腹部垫高，使胸及头部下垂，或抱其双腿将腹部放在急救者肩部，做走动或跳动“倒水”动作。

（3）恢复溺水者呼吸是急救成败的关键，应立即进行人工呼吸，可采取口对口或口对鼻的人工呼吸方式，在急救的同时应迅速送往医院救治。

导游员要选择环境条件好、水下平坦、有水上救生员的海滨浴场，并反复强调注意事项：

（1）要求旅游者要清楚自己的身体健康状况，平时四肢就容易抽筋者不宜参加游泳或不要到深水区游泳。

（2）要做好下水前的准备，先活动活动身体，如水温太低应先在浅水处用水淋洗身体，待适应水温后再下水。

（3）镶有假牙的旅游者，应将假牙取下，以防呛水时假牙落入食管或气管。

（4）对自己的水性要有自知之明，下水后不能逞能，不要贸然跳水和潜泳，更不能互相打闹，以免喝水和溺水。

（5）在游泳中如果突然觉得身体不舒服，如眩晕、恶心、心慌、气短等，要立即上岸休息或呼救。

（6）在游泳中，若小腿或脚部抽筋，千万不要惊慌，可用力蹬腿或做跳跃动作，或用力按摩、拉扯抽筋部位，同时呼叫同伴救助。

活动三　旅游者食物中毒的预防和处理

活动目标

掌握旅游者食物中毒的处理方法和预防措施，能协助做好事故后续的责任纠纷与索赔。

活动案例

某日，高原旅行社组织旅游者前往昆明旅游。一天，导游员小马带领大家去本地一家旅游定点饭店用午餐，用餐结束后继续游览，当游览活动进行到一半时，一些旅游者出现口干、腹部疼痛、呕吐、腹泻等不良反应，几十分钟后，恶心、呕吐的人越来越多，并且有人出现脱水症状。请问：导游员小马该如何处理该事件？

活动步骤

步骤一：了解情况，判断病情

(1) 食物中毒者最常见的症状是剧烈的呕吐、腹泻，同时伴有中上腹部疼痛。

(2) 食物中毒者常会因上吐下泻而出现脱水症状，如口干、眼窝下陷、皮肤弹性消失、肢体冰凉、脉搏细弱、血压降低等，甚至可致休克。

(3) 如果发觉中毒者有休克症状（如手足发凉、面色发青、血压下降等），就应立即让其平卧，将双下肢尽量抬高，并速请医生进行治疗。

(4) 旅游团成员群体性发作，从发病时间推断，应该是由中午的餐饮引发了食物中毒。

【小贴士】

食物中毒是指食用了不利于人体健康的物品而导致的急性中毒性疾病，通常都是在不知情的情况下发生食物中毒。食物中毒是由于进食被细菌及其毒素污染的食物，或摄食含有毒素的动植物如毒蕈、河豚等引起的急性中毒性疾病。变质食品、污染水源是主要传染源，不洁手、餐具和带菌苍蝇是主要传播途径。

食物中毒一般具有潜伏期短、时间集中、突然爆发、来势凶猛的特点。临床上表现为以上吐、下泻、腹痛为主的急性胃肠炎症状，严重者可因脱水、休克、循环衰竭而危及生命。一旦发生食物中毒，千万不能惊慌失措，应冷静地分析发病的原因，针对引起中毒的食物以及服用的时间长短，及时采取应急措施。

步骤二：现场处理

1. 紧急催吐、尽量解毒

(1) 催吐，大量喝水稀释。如果服用食物的时间在1～2小时内，可使用催吐的方法。立即取食盐20克加开水200毫升溶化，冷却后一次喝下，如果不吐，可多喝几次，迅速促进呕吐；也可以用鲜生姜100克捣碎取汁用200毫升温水冲服；如果吃下去的是变质的荤食品，则可服用十滴水来促使迅速呕吐；还可用筷子、手指或鹅毛等刺激咽喉，引发呕吐。同时大量饮水，稀释体内有毒物质，也可以起到较好效果。

(2) 导泻。如果病人服用食物时间较长，一般已超过2～3小时，而且精神较好，则可服用些泻药，促使中毒食物尽快排出体外。

(3) 解毒。如果是吃了变质的鱼、虾、蟹等引起的食物中毒，可取食醋100毫升加水200毫升，稀释后一次服下；若是误食了变质的饮料或防腐剂，最好的急救方法是用鲜牛奶或其他含蛋白的饮料灌服。

2. 封存呕吐物

疑似食物中毒事件发生后，导游员要取得旅游者所食用物品、呕吐物、排泄物的样本，以便向卫生监督部门提供，用于检测是否属于食物中毒。

3. 及时送往医院

及时将中毒旅游者送往医院救治，防止旅游者病情恶化；要求医生开具“诊断证明”，写明中毒原因。

4. 报告卫生防疫部门

若旅游团集体中毒，导游员首先要向卫生监督管理部门报告，请求其派工作人员前来取样鉴定；同时还要向旅行社负责人报告，获得处理的意见和方案；如果旅游者在境外，还要向驻我国的使领馆报告。

步骤三：后续服务

(1) 做好中毒旅游者在医院的救治和陪护工作。

(2) 通过卫生监督部门出具食物中毒的检测报告，协助旅游者为后续的维权索赔提供相关证明材料。

(3) 根据旅游合同约定内容，及时处理好旅游活动被迫中断或取消之后的事宜。

【服务锦囊】

1. 旅游者食物中毒纠纷处理的难点

(1) 旅游者在旅游途中，由于舟车劳顿、体力消耗过大导致其对外界致病细菌抵抗力的下降，同时，由于旅游者水土不服，或者对旅游目的地食物不适应，特别是内地旅游者赴东南沿海旅游，对当地的海鲜等食物不适应，产生肠胃不适症状后，出现了疑似食物中毒症状，除非有卫生监督部门出具的权威结论，否则不能随便认定是食物中毒。

(2) 中毒的食物来源难以确定。旅游者的食物来源有两个，一是旅行社安排的餐厅提供的食物，另一个是旅游者在旅游途中自己购买的食物。由于食物中毒的发生一般在饭后几个小时以后，甚至更长的时间，所以到底是旅游餐厅食物有毒或变质，还是旅游者在其他地方购买的有毒或变质食物引起的食物中毒，是一个难以清晰认定的难题。

2. 旅游者食物中毒纠纷处理的基本原则

(1) 必须确定旅游者是肠胃不适还是食物中毒。医疗部门的治疗诊断不能作为食物中毒的依据，检测报告应当由卫生监督部门出具。

(2) 必须确定旅游者食物中毒的食物来源。食物来源关系到旅行社和餐厅是否承担赔偿责任，因此明确食物来源至关重要。如果食物来源不能明确，旅行社承担责任就难以避免。

(3) 如果旅游者的食物中毒食物来源于旅行社提供的餐馆，旅游者既可以侵权为由向餐馆索要赔偿，也可以按违约向组团旅行社索要赔偿，由旅游者做出选择。如果证明食物不是来源于旅行社提供的餐厅，旅行社不承担赔偿责任，旅游者的损失要么由旅游者自己承担，要么要求提供食物的商家承担。

步骤四：做好预防

(1) 针对不同的旅游群体控制旅游节奏。许多所谓的食物中毒，实质上就是旅游者的肠胃不适造成的，或者是旅游线路安排过于紧张，导致旅游者抵抗力下降，出现上吐下泻症状。旅行社在安排线路时，特别是带老年旅游团时，一定要减缓旅游节奏，体现“旅速游缓”的特点，让旅游者保存较为充沛的体力。

(2) 对特殊线路予以特别关注。特别是在夏季，旅行社组织海岛旅游时，要特别重视对餐饮的安排，一定要剔除不适应旅游者食用的食物，如小贝壳类海鲜产品，这类食物旅游目的地的市民能够食用，而旅游者食用往往会导致肠胃不适；同时，导游员要特别告知旅游者食用海鲜的注意事项，防止意外事故的发生。

(3) 选择合法正规、卫生环境较好的餐厅。旅游餐厅是否规范、卫生环境的好坏，在某种程度上决定了食物中毒事件发生的概率。旅行社应事先对旅游餐厅做实地考察，以普通旅游者的身份体验餐饮质量和服务环境，确保旅游餐饮的美味和食物卫生安全。

（4）在旅游菜单中应谢绝安排某些菜肴。旅行社安排旅游菜单时，应剔除某些食物，如扁豆等食物最好不进入菜单，这些食物存放不当，或者烹饪不当，就容易产生毒素，旅游者食用后很容易引起食物中毒，旅行社完全可以用其他菜肴替代它们。

活动四　旅游者重大疾病的处理

活动目标

掌握旅游者突发重大疾病的处理方法，能正确处理重大疾病突发的事件。

活动案例

美BTS旅游团一行15人按计划于5月3日由A市飞往B市，5月7日离境。在从A市飞往B市途中，团内一位老人心脏病复发，其夫人束手无策。该团抵达B市后，老人马上被送往医院，经抢救脱离危险，但仍需要住院治疗。半个月后老人痊愈、返美。请问：

（1）老人在途中心脏病复发时，全陪应该采取哪些措施？

（2）在医院抢救过程中，地陪应做哪些工作？

（3）老人仍需住院治疗期间，地陪要做哪些工作？

活动步骤

步骤一：了解情况，判断病情

（1）心脏病的典型症状：胸痛伴胸闷，呼吸困难， 心悸， 浮肿，心动过速。

（2）心脏病高发人群：

1）胆固醇过高人群患心脏疾病的机会比普通人多三倍，因为体内过多的胆固醇会积聚在血管内，使血管日渐狭窄，妨碍血液流通。

2）吸烟人士患心脏疾病的机会比普通人多两倍半，原因是香烟中的尼古丁或烟草化学物质会损害心脏血管，若血管出现裂痕，胆固醇便会积聚起来。

3）血压高人群患心脏疾病的机会比普通人多两倍半，血压高会使血管收缩。

4）糖尿病女性患者患心脏病的机会比一般人多一倍，男性多50%。

5）过分肥胖，因为肥胖引致血压高、血脂过高、糖尿病，而这些疾病又会诱发心脏病。

6）神经紧张令心律失常，内分泌失调，影响心跳，刺激心脏病发。

步骤二：现场处理

全陪在途中应该采取的措施：

（1）让老人平躺，头略高；心脏病患者不宜搬动，动作也不宜过大，以免发生危险。

（2）让其夫人或旅游团成员在老人身上找药，让其服下。

（3）求助于空勤服务人员，请其帮助在飞机上寻找医生，参与救治。

（4）借助机组的通信设备，与国内组团社联系，报告情况，由组团社与各方联系后做出决定，全陪应遵照执行。

【服务锦囊】

当客人突发疾病时，只能在旅游者身上找药，或是由专业医师诊断给药，严禁导游员将自己随身携带的自备药给旅游者服用。

步骤三：后续服务

1．老人在医院抢救期间，地陪需做好以下工作

（1）尽可能了解病史及救治情况，转交医院做参考。

（2）急救需签字，签字者应是旅游者亲属或旅游团领队或成员；接待方人员，包括导游人员，不签字。

（3）旅游者病危时，要提醒领队向其驻华使领馆通报；需要病人家属来京时，提醒领队尽快通知；病人亲属来京后，要照顾好他们的生活。

（4）提醒医院妥善保存由主治医生签字的有关诊治、抢救或动手术的书面材料。

（5）由旅行社派人协助照顾病人，办理相关事宜，地陪应带领旅游团按计划活动。

（6）帮助患者办理的各种手续所需费用由患者自理。

（7）患者因病住院所需费用应自理。如果患者现金不足，由领队或其驻华使领馆垫付，或请领队、组团社与境外旅行社、患者家属或保险公司联系解决医疗费用问题。

（8）患者离团住院期间未享受的综合服务费，按协议规定处理。

2．老人仍需住院治疗时，地陪要做如下工作

（1）不时去医院探视，帮助其解决生活方面的问题。

（2）持旅行社证明帮助办理分离签证手续，必要时帮助办理延长签证手续。

（3）出院时帮其办理出院手续，以及机票再订座手续及其他回国手续，安排车辆，送其去机场。

上述各项所需费用均由老人自理，在他离团住院期间未享受的综合服务费，按旅游合同或协议规定处理。

【知识链接】

心脏病急救

如遇心脏病突发旅游者，没有既往病史，也没有随身常备药，呼吸困难，在紧急情况下，可采取以下措施急救：

1．胸外按压

在体外对心脏区域部位胸廓施加压力，促使心脏工作，维持血液循环。这里要特别指出，应将病人置于硬板床或平整地面上，否则将会影响效果。如图1-1所示，将手的中指对着病人颈部下方的凹陷处，手掌贴在胸廓正中，另一只手压在此手上，两手掌根重叠，手指相扣，手心翘起，离开胸壁，两臂伸直垂直向下压，使胸廓下陷3～5厘米，然后放松，反复进行，每分钟100次为宜。胸外按压和人工呼吸同时进行时，每按压30下吹气2次为宜。左前胸捶压，5～6秒一次。

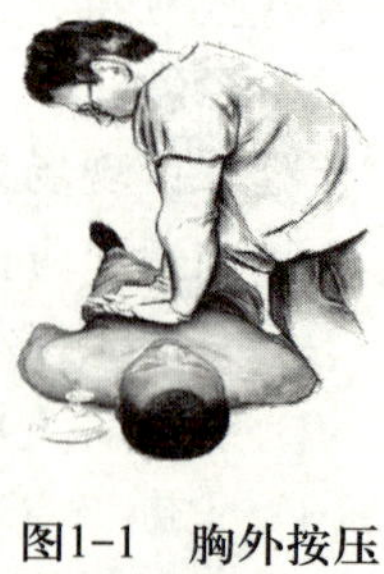

图1-1　胸外按压

2．保持通畅呼吸道

将病人抬至通风的地方，解开衣领扣子。戴假牙的病人一定要取下假牙。使病人处于仰卧体位，躺在坚固平（地）面上。用手按压病人额头并稍加用力，另一只手的食指和中指置于病人下颌将其上提，使头部后仰以保持气道通畅。

3. 口对口吹气人工呼吸

如图1-2所示，救护者深吸一口气，用压病人额头的拇指、食指捏住病人鼻孔，双唇将病人嘴包严，再进行口对口吹气。每吹气一次，放开捏病人鼻孔的手，使其将气呼出。救护者侧转头，吸入新鲜空气，并观察病人胸部起伏，再进行第二次吹气。一般以吹气后病人的胸廓略有隆起为宜。

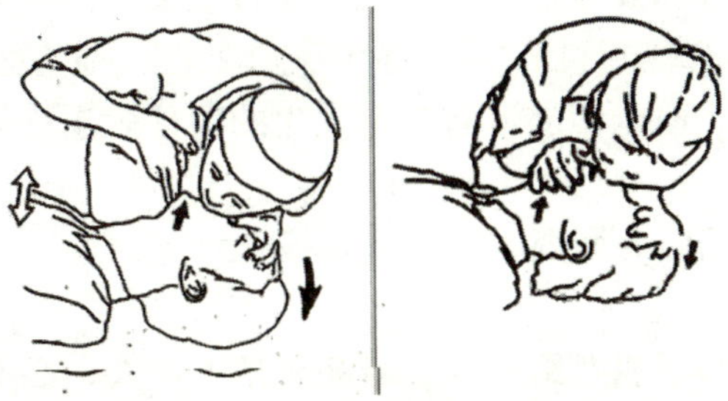

图1-2 口对口吹气人工呼吸

任务八 旅游者死亡的处理

任务说明

在旅游过程中，会偶然出现旅游者因突发疾病、意外伤害、食物中毒、遇天灾人祸而死亡。在本任务中，主要以突发疾病死亡的活动案例为载体，让学生学习并掌握旅游者死亡之后的处理措施。

活动案例

某日，地陪发现一位住单人房间的旅游者没有按时集合登车，他就询问领队和其他旅游者，大家都说好像没看到他去吃早餐；于是导游员给其打电话，没人接，他和领队便上楼寻找；敲门，无人应；推门，门锁着。于是请服务员打开房门，发现旅游者已死在床上。请问：如果你是地陪，该如何正确处理？

活动步骤

步骤一：了解情况，判断病情

（1）发现旅游者在客房内死亡，导游员不能主观臆断或凭经验推测死亡原因，要意识到死亡原因还未确定，需要保护好现场，不能随意破坏，并要及时报警。

（2）导游员认为旅游者已经死亡，但这只是简单的目测推断，还需经过专业医生诊断之后，才能下结论确认死亡。导游员要及时将情况通知饭店，请其协同处理相关事宜。

（3）旅游者不幸死亡的消息，势必会给旅游团其他成员带来不良影响，对下榻饭店也会造成一定的影响。导游员要有技巧地处理，暂时不要将这一消息当众宣布，以免造成恐慌和误解。

（4）导游员应该及时报告旅行社，并按旅行社指示，或留在饭店配合后续的工作，或按原计划继续带团活动，不能影响或耽误全团的游览计划。

步骤二：现场处理

（1）导游员与领队商议，由领队留在原地，与楼层服务员一起保护现场。

（2）地陪应通知下榻饭店保卫部门、报告旅行社，向旅行社领导做翔实报告。

（3）按照旅行社的指示和安排，地陪或留下配合有关部门调查，由旅行社另派地陪带旅游团到预定游览点游览；或旅行社派专人前来配合处理，地陪按原计划带团游览。

（4）应与领队商量后，向全团旅游者就所发生的事件做出恰当的解释说明，以稳定旅游者情绪。

（5）若需要配合有关部门的调查，导游员要积极配合。

步骤三：后续服务

（1）地陪应立即通知其亲属及组团社。若死者是外国人，必须严格按外交部《外国人在华死亡后的处理程序》办理；应迅速通过外事部门与死者所属国驻华使领馆联系；为前来处理后事的死者亲属、使领馆人员提供方便。

（2）处理死亡事故，必须有死者亲属、领队、使领馆人员、旅行社领导在场，有时还需公安局、旅游局、保险公司的有关人员在场。

（3）按家属或使领馆的意见处理遗体。

（4）死者遗物，要清点造册，一式两份。清点人员在清单上签字，分别保存。遗物交亲属，或交领队带回交死者亲属，或交死者所属国驻华使领馆。

（5）必要时参加悼念活动。

（6）死亡赔偿按国家的有关保险规定妥善处理；死者生前办有人寿保险，要为死者亲属办理人寿保险索赔、医疗费报销等有关证明。

（7）处理死亡事件时，各类证件、证明必须齐全，事后需要存档，并写出《死亡善后处理报告》。

新闻阅读

老人旅游途中旧疾复发猝死 旅行社该不该担责?

六旬老人参加了所在村集体报团组织的长途旅游，不料在途中因病猝死，家属将旅行社告上法庭，旅行社以旅游者自身疾病致死为由不愿承担赔偿责任。

2013年9月，死者陈某所在的临海市某村组织村民外出旅游，并与临海某旅行社签订了一份《国内旅游合同》，约定由旅行社承接该村年满60周岁的老年人共72人赴青岛、蓬莱、烟台、威海、旅顺、大连五日游的旅游业务。

旅行第二天，旅行社在晚饭后安排了1小时的自由行活动，但在活动结束后发现陈某失联。旅行社立即派人去寻找，发现陈某因心脏病的旧疾发作，晕厥在地上。旅行社的工作人员将陈某送至医院抢救，但最终没有抢救成功，当晚宣布死亡。

陈某家属将旅行社告上法庭，要求旅行社赔偿死亡赔偿金、丧葬费、交通费、精神抚慰金等各项费用共计79万元。

原告认为，旅行社在安排本次旅游时，对行程安排极不合理，死者在旅游过程中导游员没有及时跟进，没有考虑老年人旅游的特殊性，在死者出现危险时没有及时采取抢救措施，其死亡与旅行社的行为有直接关系，并且被告旅行社违反旅游合同，没有为旅游者办理意外保险，其行为严重损害了原告的合法权益。

对此，旅行社答辩称：本次旅游考虑到人员基本上是老年人，对行程安排相当宽松，事发后也采取了积极抢救措施，被告已尽了安全保障义务，死者本身有心脏病及其他疾病，其死亡系自身身体原因所致，与旅游无因果关系，被告不应承担民事赔偿责任。

法院经审理认为，被告临时更改行程安排，未经旅游团队的同意，该行为应视为违反合同约定；陈某应系自身疾病引起死亡，与被告的行为没有直接因果关系，但被告的违反合同行为及没有安排导游陪同在高龄旅游者身边对死者的发病起诱因作用，故被告对死者死亡应承担相应的民事赔偿责任。法院在综合考虑当事人的过错程度、各项因素对造成损害后果程度基础上做出了如下判决：最终判决旅行社承担20%的赔偿责任，赔偿死者家属死亡赔偿金、丧葬费、误工费等经济损失共计14万余元。

学习单元二

UNIT 2

旅游安全事故的处理

LVYOU ANQUAN SHIGU DE CHULI

单元导读

在旅游中，安全第一，导游员必须始终把安全工作放在首位，丝毫不得懈怠。对于旅游活动中可能发生的安全事故，如交通事故、治安事故、火灾事故、溺水事故等。预防为主，一定要把防范工作放在先，清除一切安全隐患。一旦遇到，要沉着应对，果断采取措施，合情、合理、合法地予以处理，严格按照旅游保险的规定进行赔偿，尽量让损失和影响降到最低限度。

单元目标

1．初步具备预防和处理交通事故的能力
2．初步具备预防和处理治安事故的能力
3．初步具备预防和处理火灾事故的能力
4．初步具备预防和处理溺水事故的能力
5．初步具备预防和处理公共安全事故的能力
6．能够按照正确的工作程序和急救常识，处理旅游过程中常见的安全事故
7．能够运用所学知识在分清事故性质的基础上，灵活分析并解决问题
8．具备冷静思考、准确判断和组织协调的职业素养

任务一　交通事故的预防和处理

任务说明

导游员在实际工作中，经常会遇到严重交通堵塞的情况和突发的交通事故。此时，导游员一定要沉着应对，按照正确操作流程做出合规、合法、合理的现场处理，妥善解决相关问题，将损失降低到最小。

活动目标

1．掌握预防旅游交通事故的方法和处理交通事故的基本流程
2．能正确处理旅游中的交通事故

活动案例

某日上午，25名外国旅游者乘坐旅游大巴赴某地游玩。在行驶途中，被一辆迎面而来

的载重自卸货车跨越中间隔离带撞击，导致大巴司机及2名旅游者当场死亡，车上14名外国旅游者受伤的交通事故。事故发生后，国家安监部门，当地省、市政府及旅游、卫生等部门，以及外国驻华大使、总领事、领事等赶赴现场处理事故。当地政府部门还指派专门医疗救治队伍参加抢救。

活动步骤

步骤一：了解情况、分析判断

突遇交通事故，导游人员在确认自己身体无大碍的情况下，应尽快检查车上人员受伤的情况：重伤的人员数量，轻伤的人员数量，没有受伤的人员数量。同时，还应快速辨别旅游车周围的情况。

步骤二：现场处理

（1）保护旅游者的安全，立即组织抢救。轻伤的旅游者安排其进行自救，重伤的旅游者需拦车护送去附近的医院救治。

（2）立即报告。拨打公安110或交通事故122报警台，请求派救护车和交警赶赴现场调查处理。

（3）保护现场。事故发生后，应尽一切努力保护现场，避免在慌乱中破坏现场。可通过手机对关键场景进行拍照，保存好相关视频和照片。

（4）迅速向旅行社报告。将伤者送往医院后，导游人员应迅速向旅行社领导报告交通事故发生及旅游者伤亡情况，按领导指令开展下一步工作。旅行社领导应在同一时间报告旅游行政管理部门。

（5）在事故车后及时摆放三角警示牌，对后续车辆提出警示，以避免旅游车在发生第一次交通事故后，再发生后续的交通事故。

步骤三：后续服务

（1）事故发生后，导游人员要写出详细的书面报告，其内容要包括旅游团名称、国籍、人数、事故发生的时间、地点、原因、经过及后果，处理的经过、结果、旅游者的情绪及对处理的反应等。报告内容要翔实，反映旅游者的状况要客观，重要内容最好用旅游者的原话，有可能的话，要由领队、全陪和地陪联名签署报告。

（2）正确处理善后事宜。需要进行索赔时，应该按照旅游者与旅行社签署的合同或者协议的相关规定进行处理。

【知识链接】

（1）旅游安全事故的等级分为轻微事故、一般事故、重大事故和特大事故。

（2）旅游安全事故的处理原则如下：

1）迅速处理的原则。旅游安全事故发生后，报告单位应立即派人赶赴现场，组织抢救工作、保护事故现场，并及时报告当地公安部门。

2）属地处理的原则。事故发生后，原则上由事故发生地区政府协调有关部门以及事故方主管部门负责，必要时可成立事故处理领导小组。

3）妥善处理善后的原则。事故发生后，即使报告单位不是事故责任人，仍然要积极协助处理善后事宜，尽量避免事故造成的损失进一步扩大。

（3）旅游安全事故处理的一般程序：立即报告；保护现场；协同有关部门进行抢

救、侦查；有关单位负责人应及时赶到现场处理。

（4）重大旅游安全事故的处理程序：

1）事故报告单位立即派人赶赴现场，组织救援，并及时报告当地公安部门。

2）在公安机关尚未进入事故现场前，如因现场抢救工作需要移动物证时，应做出标记，并尽量保护事故现场的客观、完整。对于伤员及时抢救，并及时报告当地卫生部门。与此同时，确认伤亡人员的身份及保险情况，进行登记。如有死亡事故，注意保护好遇难者的遗体。对事故现场的行李和物品，要认真清理和保护并逐项登记造册。

3）事故责任方及其主管部门负责联系有关部门为伤残者或者伤亡家属提供有关证明文件。

4）对于受伤的海外旅游者，要及时通知当地外事部门及国家旅游局，由当地外事部门或国家旅游局负责通知外方，而有关组团旅行社应当及时抚慰伤亡者家属。

（5）外国旅游者在华发生伤亡情况处理时的注意事项：

1）立即通过外事部门通知伤亡者所属驻华使领馆和组团单位，并为前来了解、处理事故的外国使领馆人员、家属、国际救援组织提供方便。

2）对在华死亡的外国旅游者严格按照外交部《外国人在华死亡后的处理程序》办理。

3）对于外国旅游者的赔偿，按照国家有关保险规定妥善处理。

步骤四：做好预防

（1）提醒司机经常检查车辆，发现隐患，及时修理或要求更换车辆。

（2）在行驶中，导游员不要与司机聊天，以免分散其注意力；然而在长途行车时，导游人员却要不时与司机聊两句，以免司机打瞌睡。

（3）安排日程，在时间上要留有余地，以免司机因赶时间而违章超速行驶。避免司机疲劳驾驶，在任何情况下，导游员都不应该催促司机开快车。

（4）如遇天气不好，导游员要随时提醒司机注意安全，谨慎驾驶。

（5）如遇天气恶劣、路况糟糕，导游员有权改变行程，甚至可调整日程安排，但事先应向领队和旅游者讲清情况，征得他们的同意后要及时报告旅行社。

（6）司机在工作期间不得喝酒，若遇司机不听劝告，导游员要立即报告旅行社，要求改派车辆或更换司机。

（7）非本车司机不得开车。

（8）导游员若和司机有争执，待下团后解决，不要在接待过程中争执，以免司机赌气开车。

案例拓展

在旅游途中，还经常会遇到严重交通阻塞的情况，作为导游员应该如何处理呢？

几年前，一台湾旅游团乘旅游车由临汾前往壶口瀑布，在离目的地30公里处遇到塞车。长长的车队绵延数公里，根本没有挪动的迹象。原因是山口拐角处路窄，一辆煤车和一辆货车互不相让，造成了严重拥堵。全陪让地陪照顾旅游者，自己则跳上一块石头，吹起旅游团用的哨子，高声喊道：大家别争了，这样争下去谁都走不了，现在听我指挥……在他沉着的指挥下，经过一个多一小时的疏导，路通了。

另一个例子发生在北京，地陪按照规定的时间前往机场，遇到了交通阻塞，旅游车卡在车海中动弹不得。原来是百米外发生了严重的交通事故，造成堵车，而事故现场前方则交通顺畅。于是地陪回到车上，与领队、全陪商量，决定让旅游者带好随身物品下车，走过拥堵地段，分乘出租车前往机场，没有误机，旅游者非常高兴。

❍ 专家解析

从以上的例子可以看出：导游员在真心诚意地为旅游者服务。他们没有坐等结果，而是急旅游者之所急，主动出击，设法为旅游者排除干扰。处事沉着、果断行事，导游员的这种心理素质在处理突发事件时显得特别重要；注意积累经验，丰富的经验有助于解决问题；同时，导游员要与司机积极配合，共同努力解决问题。

任务二　治安事故的预防和处理

任务说明

在旅游期间，遇到坏人行凶、诈骗、偷窃、抢劫、恐怖等活动，导致旅游者身心及财务受到损害，统称治安事故。导游员在旅游途中要时刻保持警惕，采取有效措施，尽量防止治安事故的发生。如遇到歹徒行凶时，绝不能置身事外，要全力保护旅游者的人身、财产安全。

活动目标

1．掌握预防旅游治安事故的方法和处理治安事故的基本流程

2．能正确处理旅游中的治安事故

活动案例

旅游者张某随团在某地旅行。在晚上的自由活动中，突遇一歹徒进行人身抢劫，由于事发突然，没有醒悟过来时自己随身携带的包已被抢走，所幸身体无害。歹徒很快趁着天黑就逃跑了，张某随即找到导游员。请问：导游员应该如何处理？

活动步骤

步骤一：了解情况

在及时稳定旅游者情绪的基础上，了解事情发生的时间、地点、经过，作案者的特征信息、丢失物品的情况。

步骤二：分析判断、现场处理

（1）此案例是在旅游者自由活动的时间内发生的抢劫，旅游者没有受伤，仅仅是丢失了财物。导游员当时不在场。在明确是一起抢劫案件后，导游员要立刻报警：拨打电话110报案，说明事故发生的时间、地点、经过，提供作案者的特征，受害者的姓名，团号，损失物品的名称、型号、特征等。

（2）若在旅游途中遇到歹徒，在场的导游员要保护旅游者，立即将旅游者转移到安全

地点，协助公安人员缉拿罪犯，追回钱物。

（3）若有旅游者受伤，应立即组织抢救，做好必要的伤口处理，尽快送往附近医院救治。

（4）在警察到来前，尽可能保护现场，留存相关的照片及视频。

（5）报告接待旅行社。及时向旅行社领导报告治安事故的情况并请求指示，严重时请领导来指挥处理。

步骤三：后续服务

（1）治安事故发生后，导游员应采取必要的措施安定旅游者的情绪，如果后果不是很严重，就应设法继续进行旅游活动；如果后果较严重，则要在领导指导下准备好必要证明及相关资料，处理好种种善后事宜；跟踪破案进展，一旦有结果，通过领队向全团通报。

（2）写出翔实的书面报告，写明案件性质、处理措施、受害者的反应及要求，并协助有关部门做好善后工作。对旅游者的重要反映，力争用原话并注明反映者的身份。

步骤四：做好预防

1．入住酒店后做好提醒工作

（1）入住酒店后，提醒旅游者保管好贵重物品。

（2）向旅游者讲清外币兑换的有关规定，提醒他们在正规渠道进行兑换。

（3）提醒旅游者不得将自己的房间号告诉不熟悉的人；出入房间一定要锁好门；晚间，不要有人敲门就贸然开门，以防意外；不要让不熟悉的人和自称饭店维修人员的人进入房间。

2．旅行、游览时导游人员的工作

（1）在旅游车行驶过程中，不得停车让非本车人员上车，若有不明身份者拦车，导游员要提醒司机不要停车。

（2）下车旅游时，提醒旅游者不要将证件和贵重物品遗留在车上；旅游者下车后，提醒司机关好车窗、锁好车门，不要让生人上车，不要离车太远；旅游者返回上车时，导游员和司机要尽力阻止小商贩上车兜售商品。

（3）参观游览活动时，导游员要始终和旅游者在一起，注意观察周围的情况，经常清点人数，发现可疑现象，尽力引领旅游者避让，在人多拥挤的公共场所，要提醒旅游者不要离开团队，注意保管好自己的证件、财物。

任务三　火灾事故的预防和处理

任务说明

旅游团下榻的饭店在深夜、大家熟睡的时候失火，会造成严重的后果；地铁失火，逃生也是个很大的问题。所以导游员带团或者为旅游者服务时，应向旅游者介绍必要的安全常识和相关的防范措施，及时了解并向旅游者介绍所在饭店的安全通道，以备发生紧急情况时安全疏散旅游者，保护旅游者的安全。

活动目标

1．掌握发生火灾事故后的处理程序和预防方法

2．能正确处理旅游中的火灾事故

活动案例

2005年6月10日11时40分左右，汕头市某宾馆突发大火，过火总面积2800平方米，43间房间遭火焚毁，31人在火灾中丧生。这起火灾再次为人们敲响了警钟，水火无情。请问：作为导游员突遇大火，应该如何处理呢？

活动步骤

步骤一：了解情况

导游员尽快了解火情发生的楼层、位置，自己旅游者居住的房间是否有火情，旅游者是否受伤。

步骤二：分析判断、现场处理

（1）火速通知旅游者撤退。判断离自己最近的安全通道的位置，采取一切可行的措施通知领队和全团旅游者。招呼旅游者尽快出逃，不要盲目乱跑。如果不能及时逃离，需要采取自救措施。

（2）立即拨打公安电话110报警，说明自己的楼层、具体位置及受困旅游者的人数。

（3）集中旅游者。导游人员撤至安全地带，就要积极寻找本团旅游者，让大家聚集在一起，发现有人失踪，就应组织人力尽快寻找；有人受伤，应及时处理。

（4）设法自救。无法逃离火灾现场时，导游员要设法自救，自救措施如下：

1）用湿毛巾捂住口鼻，趴在墙根，爬行穿越浓烟，爬到烟少的地方，避免被烟气熏呛、烧伤或窒息，可能时打开窗户。

2）大火封门时，或泼水降温，或用浸湿的衣被将门封堵塞严，越严实越好。

3）房内有明火时，或泼水灭火，或用浸湿的被褥包住身体保护自己，等待救援。

4）若身上着火，可能时就地打滚，或用浸湿的衣被压灭火苗。

5）消防员来到后，要一面高声叫喊，一面挥舞色彩鲜艳的衣物，争取救援。

（5）报告旅行社，说明火灾事故发生的情况，请求指示。

步骤三：后续服务

（1）撰写事故报告，明确事情发生的经过、处理过程、人员伤亡及赔偿情况。

（2）正确处理善后事宜。需要进行索赔时，应该按照旅游者与旅行社签署的合同或者协议的相关规定进行处理。

步骤四：做好预防

（1）牢记火警电话119

（2）做好必要提醒。导游员应提醒旅游者不要携带易燃、易爆物品，不在托运的行李中夹带易燃、易爆等违禁品；提醒旅行者不在床上吸烟，不乱扔烟头和其他火种。

（3）熟悉饭店安全通道。入住饭店后，导游员要熟悉所在饭店楼层的太平门、安全出口、安全楼梯并向旅游者详细介绍；提醒旅游者熟悉房客门上贴的安全路线示意图，掌握一旦失火应走的路线；提醒旅游者，一旦发生火灾，不要乘坐电梯，只能从安全通道逃生。

任务四　溺水事故的预防和处理

任务说明

导游员在带团中，对有可能发生溺水事件的场所，要不厌其烦地提醒旅游者注意安全，一旦发生溺水事件，导游员要沉着冷静、果断处理，及时抢救落水者，保证旅游者的生命安全。

活动目标

1．掌握预防旅游者溺水事故的方法和旅游者溺水后的处理程序

2．能正确处理旅游中的溺水事故

活动案例

某年夏天，一旅游团游览颐和园，乘“画舫龙舟”游湖。船至昆明湖南岸时，导游员告诉大家：可以在船上多拍几张照片，因为观赏万寿山全景，这里的湖面是最佳位置，但也请大家注意安全。一位40来岁的女士迅速站起，冲至船尾，请团友帮忙为其照相。但她往后退时，一不小心掉到湖里。请问：如果你是导游员，你该如何迅速处理？

活动步骤

步骤一：了解情况

导游员第一时间了解落水旅游者的数量和旅游者落水的位置。

步骤二：分析判断、现场处理

（1）需要立刻停船救人，最佳人选就是船上的驾驶员。导游员立即跑到驾驶室请驾驶员停船救人。

（2）及时拨打120急救电话。

（3）落水旅游者救上岸后，导游员应该迅速对其进行抢救。立即清除溺水者口鼻内的污物。垫高溺水者腹部，使其头朝下并压迫其背部，使吸入的水从口鼻流出。将溺水者仰卧，进行人工呼吸。迅速将溺水者送往医院，途中不要中断抢救。

（4）安抚获救的旅游者，并提醒其他旅游者注意乘船安全。

（5）向旅行社报告事情发生的情况及处理结果。

【服务锦囊】

在紧急情况下，冷静、沉着、不慌乱是关键；导游员尽可能求助当地工作人员，他们熟悉情况、经验丰富，有他们帮助，往往会化险为夷。

步骤三：后续服务

（1）撰写事故报告，明确事情发生的经过、处理过程、人员伤亡及赔偿情况。

（2）正确处理善后事宜。需要进行索赔时，应该按照旅游者与旅行社签署的合同或者协议的相关规定进行处理。

步骤四：做好预防

（1）在河边、湖边游览时，要提醒旅游者，尤其要提醒孩子、老人不要太靠边行走，

以免落水。

(2) 在乘船和竹筏时，要提醒旅游者不要超载，不能打闹。

(3) 不让旅游者在非游泳区游泳；在游泳区游泳前，要提醒旅游者做好全身准备活动，提醒水性不好者不去深水处游泳；提醒父母监护好自己的孩子。

(4) 进行水上活动时，应穿好救生衣，戴好救生圈等救护设备。

(5) 将码头的电话告知旅游者，以备天气突变时与之联系。

(6) 提醒旅游者在不参加旅行社组织的活动时，要注意自身安全，到正规的游泳区内游泳。

任务五　旅游公共安全事件的预防和处理

任务说明

公共安全是指多数人的生命、健康和公私财产的安全，包含信息安全、公共卫生安全、公众出行安全、避难者行为安全、人员疏散的场地安全等。破坏公共安全的行为是指故意或过失危害不特定多数人生命健康和重大公私财产安全的行为。

旅游者出行既要秩序井然和安全保障，又要方便快捷。随着境外游的不断升温，中国公民在境外遇到战争、灾难等公共事件时，旅游者的人身、财产安全也越来越受到普遍关注。

本任务涉及两个方面：一是旅游者攻击和污蔑言论的处理。二是旅游者违规、违法行为的处理。在旅游活动中，导游员要及时提醒旅游者注意公共安全，遇到有可能危及旅游者人身、财物安全的紧急情况时，导游员要灵活应变、冷静处理，做好各项预防和协调工作，保证旅游者的安全。

活动一　旅游者攻击和污蔑言论的处理

活动目标

1. 掌握旅游者攻击和污蔑言论的处理办法
2. 能正确处理旅游者进行攻击和污蔑言论的行为

活动案例

某旅行社组织了一个旅游团赴某地旅游。旅游团中一名旅游者说：“×××也是一个伟人，他对结束军阀混战，统一中国有历史功绩。”导游员及其他旅游者对此说法十分反感，认为这种说法有损民族尊严，歪曲了历史真相，故与之发生争辩。请问：如果你是导游员，遇到这种情况应该如何正确处理？

活动步骤

步骤一：了解情况

导游员第一时间了解旅游者说话的背景、时间、地点。

步骤二：分析判断、现场处理

（1）对此言论，导游员一旦发现，应立即阻止，但要讲清楚道理。

（2）导游员要积极宣传中国历史，介绍我国国情，认真回答旅游者的问题。对于少数旅游者的言论，导游员要认真阐明我国对有关问题的立场、观点。

（3）如果是旅游者故意而为之，导游员要严正驳斥，要理直气壮、观点鲜明、有理有据，必要时要报告有关部门。

（4）在后续的游览中，导游员要密切关注旅游者的言语，若有更加越轨的言行，要立即阻止。

步骤三：后续服务

（1）旅游结束后，视情节轻重，对于严重破坏公共秩序的旅游者，导游员必须将其违法行为报告有关部门，并积极协助调查核实，由相关部门进行处理。

（2）撰写书面报告，写清楚事件发生的经过及处理意见。

步骤四：做好预防

（1）应在开始游览时就向旅游者积极宣传我国的有关法律、法规和相关注意事项，以避免个别人无意中做出越轨、违法的行为。

（2）一旦发现有可疑现象，就要有针对性地给予必要的提醒乃至警告，迫使预谋越轨者知难而退。

（3）认真调查核实。发现个别旅游者违规、违法，要认真调查核实，分清有意和无意的界限，分清无故和有因的界限，分清言论和行为的界限。只有这样，才能正确处理，才能团结朋友、增进友谊。

（4）严肃处理。对顽固不化者，应立即将其越轨言行实事求是地报告有关部门，并协助调查，分清性质，严肃处理，维护我国的国家主权和尊严。

活动二　旅游者违规、违法行为的处理

活动目标

1．掌握旅游者违规、违法行为的处理办法

2．能正确处理旅游者的违规、违法行为

活动案例

在国内旅游中，经常可以见到旅游者的不文明行为。例如，升旗过后的天安门广场留下大量垃圾，旅游者不顾警示随意攀爬圆明园古墙遗址，动物园里游人用纸屑向动物投食，泰山步道旁苹果核、橘子皮不时从山上滚落……

随着出游人数的增加，个别旅游者在国外的不文明行为也饱受诟病。例如，有些中国旅游者参观国外寺庙时不遵守寺庙的规定，偷偷照相；在寺庙门口不排队，不遵守秩序。在寺庙内，大声喧哗，用手指指点点，甚至对佛像品头论足。同时“插队”“不讲卫生”也是外国人对中国旅游者的普遍印象。

活动步骤

步骤一：了解情况

对于旅游者的不文明行为，导游员要及时了解情况，明确发生不文明行为的时间、地点，是违规行为还是违法行为。

步骤二：分析判断、现场处理

(1) 若有人违法，一旦发现，导游员应立即阻止，并对其讲道理并指出这种行为触犯了法律。如果违法者由于对于法律缺乏了解而违法，听了导游员的解释，就会停止活动；如果继续违法，就是明知故犯，不管出现哪种情况，导游员都必须将违法行为报告有关部门并配合调查核实，按情节轻重，进行处理。导游员若发现旅游团中有人窃取机密和情报、走私、贩毒、偷盗文物、卖淫、嫖娼等犯罪活动，应立即报告相关部门。

(2) 若有人违规包括在景点乱涂、乱画等行为，一旦发现，导游员应予以阻止，若旅游者不听劝告，导游员要对其进行严肃批评。

【服务锦囊】

1. 导游员对越轨行为的处理

对于异性旅游者的不轨行为，导游员应该采取果断措施以求自卫并立即报告旅行社，情节严重者可交由有关部门依法处理。

2. 酗酒闹事的处理

导游员面对旅游者酗酒闹事，应该首先规劝，请全陪或者领队劝阻，并指出其可能造成的严重后果会由其个人承担。照顾酗酒者，代其致歉。酗酒者承担一切后果，承担相应的法律责任。

步骤三：后续服务

导游员在处理旅游者的违规、违法行为后，要写出书面报告，写清楚发生的时间、地点、行为过程及处理结果。

步骤四：做好预防

(1) 在旅游中总有一些旅游者言行不检点，对景区、景点树立的醒目告示牌熟视无睹，明知故犯。为最大限度地避免此类现象的发生，导游员在进行精彩讲解的同时，要及时进行文物保护、环境保护的宣传。

(2) 导游员要讲清楚景区、景点的有关规定，并一再提醒旅游者注意遵守。在国外旅游中，导游员要随时提醒中国旅游者不要照搬国内思维习惯，出国后盲目示强，不了解、不尊重当地法律法规、风俗禁忌，以身试法，给自身带来不必要的损失和麻烦。

(3) 导游员还要注意旅游者的动向，防止少数人破坏景区、景点的环境，扰乱景区、景点的秩序。

案例拓展

某年9月，两名中国乘客因调整座椅引冲突致瑞士航班返航。当时班机已离开苏黎世机场3个多小时，机长担心机上打斗场面继续恶化危及飞行安全，决定返航苏黎世。不到一周，在四川航空公司塞班飞上海的航班上，两个乘客为了一个后排闲置座位打了起来，后来变成两拨人打架，飞机差点返航。

○ 专家解析

旅游是一种文化，也是一项休闲活动，随着生活水平的提高，旅游已经成为人们的一种生活常态。早在2006年10月，中央文明办和国家旅游局就联合发布了《中国公民国内旅游文明行为公约》与《中国公民出境旅游文明行为指南》，旨在倡导旅游者遵守公约，争做文明旅游者。而上述事件中的当事人在当时恐怕早已将这些公约与指南抛在脑后。其实，我们每个外出旅游的旅游者都是大自然中的一道风景，正所谓“你站在桥上看风景，看风景的人在楼上看你”。每个旅游者的言谈举止，决定着自己在别人眼里是怎样一道风景。

在旅游的过程中，心态特别重要，不要只是一味地发泄心中不满而令形象大打折扣，此种行为不仅有损个人形象，往往也会有损国家形象。在旅游过程中有三个心态特别重要：一是遵守。作为文明人、作为中国人，要遵守全世界大家都遵守的准则，比如过马路不闯红灯。二是要学会尊重。出去旅游时，要尊重当地人的习惯、信仰、风俗，要获得别人的尊重，首先要尊重别人。三是要有开放的心态。中国人走向世界的过程，就是要把中国的文化输出到世界的过程，我们要以更加自信的姿态学会给予别人、欣赏别人，学会与别人交流，这样在旅行的过程中才会收获更多。

【知识链接】

中央文明办、国家旅游局公布了经归纳整理的、民众反映比较普遍的不文明行为表现，以及针对性、可操作性较强的20项改正建议。这些不文明行为包括：

（1）随处抛丢垃圾、废弃物，随地吐痰、擤鼻涕、吐口香糖，上厕所不冲水，不讲卫生留脏迹。

（2）无视禁烟标志想吸就吸，污染公共空间，危害他人健康。

（3）乘坐公共交通工具时争抢拥挤，购物、参观时插队加塞，排队等候时跨越黄线。

（4）在车船、飞机、餐厅、宾馆、景点等公共场所高声接打电话、呼朋唤友、猜拳行令、扎堆吵闹。

（5）在教堂、寺庙等宗教场所嬉戏、玩笑，不尊重当地居民风俗。

（6）大庭广众之下脱去鞋袜、赤膊袒胸，把裤腿卷到膝盖以上、跷“二郎腿”，酒足饭饱后毫不掩饰地剔牙，卧室以外穿睡衣或衣冠不整，有碍观瞻。

（7）说话脏字连篇，举止粗鲁专横，遇到纠纷或不顺心的事大发脾气，恶语相向，缺乏基本社交修养。

（8）在不打折扣的店铺讨价还价，强行拉外国人拍照、合影。

（9）涉足色情场所、参加赌博活动。

（10）不消费却长时间占据消费区域，吃自助餐时多拿浪费，离开宾馆饭店时带走非赠品，享受服务后不付小费，贪占小便宜。

学习单元三

UNIT 3

突发自然灾害的应对

TUFA ZIRAN ZAIHAI DE YINGDUI

单元导读

自然灾害是指由于自然异常变化造成的人员伤亡、财产损失、社会失稳、资源破坏等现象或一系列事件。主要包括洪涝、干旱灾害，台风、冰雹、暴雪、沙尘暴等气象灾害，火山、地震灾害，滑坡、泥石流等地质灾害，风暴潮、海啸等海洋灾害，森林草原火灾和重大生物灾害等。在游览过程中，遇到突发自然灾害，如地震、海啸、泥石流等危险，导游员要沉着冷静、不慌乱，积极实施逃生和紧急应对的避险措施，最大限度地保证旅游者的安全。

单元目标

1. 初步具备遇到地震时紧急应对的能力
2. 初步具备遇到海啸时紧急应对的能力
3. 初步具备遇到泥石流时紧急应对的能力
4. 初步具备遇到飓风时紧急应对的能力
5. 能够按照正确的工作程序和急救常识，应对旅游过程中常见的自然灾害

任务一　地震的应对

任务说明

在地震频发地区，导游员要随时关注气象预报及天气变化。突遇地震，导游员要积极发挥自己的主观能动性，迅速判断，快速处理，同时运用自身具备的应对地震的紧急避险和逃生常识，沉着冷静地指挥旅游者使用正确的方法自救。

活动目标

1. 掌握遇到地震发生时自救的方法及地震发生前的预防措施
2. 初步具备遇到地震时紧急应对的能力
3. 导游员要树立预防灾难发生的意识

活动案例

××××年××月，云南丽江发生大地震。晚7时许，大地突然开始震颤，当时，一个上海旅游团正在集合，准备前去用晚餐。带团的是位经验丰富的导游员，发现发生地震，就镇定地高喊：“大家不要乱跑，快到街中心来，这里没有建筑物，安全。”他一面

把老人、孩子往人堆中推，一面让大家保护好头部。几秒钟后，古镇一片残破，周围一团漆黑。两位导游员密切配合，一前一后带着旅游团在几分钟内冲出险区，进入安全地带。

活动步骤

步骤一：了解情况

导游员对于突发的情况，要尽快通过视觉、听觉、触觉感受周围的变化：天气骤冷骤热，天空中出现特别的亮光；地下发出奇怪的响声以及人体能够感觉到大地的晃动，房屋、灯的晃动等自然现象。同时，及时了解旅游者是否受伤、受伤的程度等。

步骤二：分析判断、现场处理

（1）组织旅游者自救。天灾无法预知，但一旦发生，都很危险。本案例中导游员让旅游者站到较宽阔的街中心，显示导游员很有经验，若让旅游者各自乱跑逃生，危险性会增加。

1）若发生地震时，旅游者在酒店休息，最好立即躲在坚固的床或桌下，倘若没有坚实的家具，应站在门口。远离窗户，因为窗玻璃可能被震碎。发生大地震时，搁板上的东西及书架上的书等可能往下掉。这时，保护头部是极其重要的。在紧急情况下可利用身边的棉坐垫、毛毯、枕头等物盖住头部，以免被砸伤。

2）若发生地震时，旅游者在游览途中。不要靠近楼房、树木、电线杆或其他任何可能倒塌的高大建筑物。尽可能远离高大建筑物，跑到空地上去。为避免地震时失去平衡，应躺在地上。地震时，不要在道路上奔跑，这时所到之处都是飞泻而下的招牌、门窗等物品。

3）若发生地震时，旅游者在游览车中。如在桥上遇到地震，游览车应迅速离开桥身，大桥也会震塌坠落河中，此时停车于桥上或躲避于桥下均是十分危险的。如地震发生在海底，会出现海啸，掀起的海浪，会急剧升高，靠近岸边就十分危险。此时，最好是迅速离开沙滩，远离浪高的海面。

（2）突遇地震，大家都会惊慌失措，面对突发状况，导游员要及时安抚旅游者情绪，自身保持冷静、不慌不乱。这时，导游员是全团的核心和主导，要引导全团疏离危险区域。

（3）判断旅游者受伤情况，对轻伤者立即进行救助，对重伤者则进行初步救治，尽量防止伤情的继续扩大。

（4）地震时如果通信畅通，与外界的联系未中断，则应立即报告旅行社及其他相关部门突发状况，请求支援。

（5）在一些山区，地震时会有大量的石块滑落，阻碍道路通行，是继续前行还是按原路返回，需要导游员在关键时刻进行判断，如果不能继续前行，就要果断后退。导游员正确的判断关系着所有旅游者的安危。

（6）初震后，必有余震，导游员要利用短暂的空余时间，引领旅游者迅速撤离危险地。如果旅游团在人多拥挤、建筑物密集的地区遭遇地震，旅游团可能被迫解散，各自逃生，可能时导游员一定要反复强调集合的时间和地点。

步骤三：后续服务

（1）导游员带领旅游团安全返回后，撰写书面报告，写清楚事件发生的原因、处理措施等。

（2）正确处理善后事宜。需要进行索赔时，应该按照旅游者与旅行社签署的合同或者协议的相关规定进行处理。

步骤四：做好预防

（1）旅游团进入地震多发地区，导游员要事先提醒旅游者提前做好各种预防工作，包括准备应急包，应急包一般包括：压缩干粮、饮用水、超薄保温雨衣、安全帽、折叠水桶、多功能应急手电筒、应急求救哨、防滑手套、蜡烛、火柴、常用应急药品等生活及自救必需品。

（2）在游览途中要避开高楼房、烟囱、高门脸、高围墙等，更不要在狭窄的胡同中停留。要避开高压电线、变压器，以防电杆或电线震断触电伤人。

（3）在山区，还要远离悬崖陡壁，以免山崩、塌方时伤人。还应离开大水渠、河堤两岸，这些地方容易发生较大的地滑或塌陷。

作为导游员，在遇到地震后，要冷静处理，果断行事。下面介绍一些导游员在突遇地震后的处理行为。

案例拓展

某旅游团成员在九寨沟旅游，当车行至映秀镇附近时，天空突然暗下来，旅游车突然猛烈晃动起来，前面行驶的一部车就像在跳舞，大地颤抖，平整的马路像被撕裂似的断开了，地震来了。导游员小张马上喊停车，她带着旅游者到山上避难。此时信号已中断。等强震过去后，小张马上组织旅游者回到车上取走饮用水、食物和衣服，再重新回到山上。两次余震过去后，公路已经完全损坏，与旅游团成员商量后，大家沿着河寻找出路，终于在行走5个多小时后，脱离了险境。

○ 专家解析

（1）根据车在剧烈晃动、大地在颤抖的现象，导游员准确判断出：地震来了。

（2）在这关键时刻导游员要求司机马上停车，带领旅游者上山避难，以保证旅游者的安全。

（3）强震过后，导游员要求旅游者回车取走饮用水、食物和衣物，以保证整个路途中旅游者的身体安全。

（4）通信中断、公路损坏后，导游员没有抱怨、坐等，而是率领大家沿河寻找出路，在进行了充分的物质准备的基础上，行走5个多小时，脱离了险境。

在整个过程中，导游员冷静处理，果断行事，凭着坚定的信念和较强的职业责任感，带领大家走出了困境，值得其他导游员学习。

新闻阅读

导游员带领大家走出惊魂之旅

2015年4月25日14时11分，尼泊尔发生8.1级地震，受此影响，西藏日喀则市多地震感强烈，辐射阿里、山南、拉萨等地市。当时某旅游团正在日喀则的扎什伦布寺里游览，突然间，感觉整个房子都在晃，室内的吊灯也在晃动，大家尖叫声一片。导游员立刻判断出—— 发生地震了。“大家不要慌张，有序排队，离开寺庙，不会有事的……”导游一边寻找自己团队的旅游者，一边迅速引导身边的旅游者撤离，和其他旅游团导游一起，及时组织寺内旅游者有序撤出。

撤出寺庙后，导游第一时间清点自己团队的旅游者，并带领大家站到广场上休息。撤出寺庙后，陆续有旅游者反映自己出现头晕症状，就连导游自己也感觉到了头晕。“大家不要担心，这是正常现象，刚刚地震加上高原气候影响，多休息一会，慢慢会好的。”导游一边安慰旅游者，一边提醒旅游者给家人打电话报平安，并及时向旅行社反馈相关情况，果断做出决定：更改旅游行程。

与此同时，导游员立即启动应急预案，同本社的其他三个正在带团的导游员取得联系，核实他们的带团位置，在得知其他旅游团都没有前往地震灾区后，再次提醒所有导游员提高警惕，及时调整相关旅游行程，确保旅游者安全。当天晚上，导游员带着大家入住日喀则饭店，并召集大家坐到一起聊天，一方面缓和旅游者的紧张情绪，另一方面使大家保持警惕应对可能发生的余震。直到凌晨1点钟，旅游者们才陆续睡去，而导游仍旧保持清醒状态“值班”守护。

4月26日早上7点，地震后的日喀则下着雪，天还没亮，导游就逐个喊醒旅游者，改变了当天前往樟木珠峰观景区的行程计划，带领着大家登上旅游车返回拉萨。经过8个小时的跋涉，当天下午3:15左右，大家平安回到拉萨。在经过检查确认所有旅游者都安全后，旅游团所有成员对导游员在地震发生时的准确判断和采取的及时妥善措施表示认可和感谢。

【知识链接】

（1）地震又称地动、地振动，是地壳快速释放能量过程中造成振动，期间会产生地震波的一种自然现象。

（2）地震发生时的宏观异常很多，如井水发浑、冒泡、翻花、变色、变味、陡涨陡落、水温增高等；泉水突然枯竭或超常涌出；天气骤冷骤热，天空中出现特别的亮光；地下发出奇怪的响声以及人体能够感觉到的小地震增多；一些动物突然改变原来的生活习性，狂叫乱跳，乱飞，精神不振，不思饮食；一些植物出现提前开花、结果或重开花、重结果的不适时令现象等。还有像大量老鼠惊恐不安，在村里乱跑，甚至遇到猫也不躲避；鸡飞上树不进窝，有的地方还发现冬眠蛇爬出洞外等。同时，震前在震区还有人发现地光和地声现象，井水水位突然下降和上升，泉水水流量突然剧增，甚至溢出地表。

（3）遭灾者的自救措施。地震时被压在废墟下，神志还清醒的幸存者，最重要的是不能在精神上崩溃，而应该创造条件脱离险境或保存体力等待救援。例如：设法保存体力，不要乱喊，而要听到外面有人时再呼救；若能找到水和食物，要有计划地使用，尽可能延长生命，绝不要放弃希望。

（4）地震的次生灾害。所谓地震次生灾害，是指强烈地震发生后，自然以及社会原有的状态被破坏，造成的山体滑坡、泥石流、海啸、水灾、瘟疫、火灾、爆炸、毒气泄漏、放射性物质扩散对生命产生威胁等一系列的因地震引起的灾害，统称为地震次生灾害。地震次生灾害按其成因，种类一般分为火灾、毒气污染、细菌污染等。例如，地震时电器短路引燃煤气、汽油等会引发火灾；水库大坝、江河堤岸倒塌或震裂会引起水灾；公路、铁路、机场被地震摧毁会造成交通中断；通信设施、互联网络被地震破坏会造成信息灾难；化工厂管道、贮存设备遭到破坏会形成有毒物质泄漏、蔓延，危及人们的生命和健康；城市中与人们生活密切相关的电厂、水厂、煤气厂和各种管线被破坏会造成大面积停水、停电、停气；卫生状况的恶化还能造成疫病流行等。

任务二　海啸的应对

任务说明

海啸破坏力非常大。通过本任务的学习，导游员要明确，在带团中如果感觉较强的震动，不要靠近海边或江河的入海口，因为地震是海啸最明显的前兆。如果突遇海啸，要处事沉着、反应机敏、果断行事，不管遇到什么情况，导游员自己不慌乱，旅游者才可能不慌乱，保持秩序，形成合力，才有可能将灾祸的损失和影响降到最低点。

活动目标

1．掌握海啸发生时逃生的方法

2．初步具备遇到海啸时紧急应对的能力

3．导游员要具有预防灾难发生的意识

活动案例

2004年年底的印度洋大海啸在瞬间吞噬了数十万的生命。海啸发生当天，一位杭州的女导游员正带领24人的旅游团在泰国普吉岛游览。下午，旅游团刚回饭店，突然听到后面传来的巨响，她立即有一股不祥的预感，立刻高喊，快上到三楼以上来，可能来大风了……顷刻，海水扑来，把岸上的所有东西撞成一团，到处一片狼藉。站在楼上的导游员在清点人数时发现少了4人，于是不顾安危，踩在漂浮的冰箱、桌椅上在海水冲过的地方寻找自己的旅游者。终于，全团24人，一个不少地被集中在饭店顶楼，等候救援队的到来。

活动步骤

步骤一：了解情况

导游员对于突发的情况，尽快通过视觉、听觉、触觉，感受周围的变化。海啸登陆前兆大致有4种：一是海水异常地暴退或暴涨；二是离海岸不远的浅海区，海面突然变成白色，其前方出现一道长长的明亮的水墙；三是位于浅海区的船只突然剧烈地上下颠簸；四是突然从海上传来异常的巨大响声，在夜间尤为令人警觉。这4种宏观前兆是由海啸发生和传播的机制造成的。海啸发生后的间隙要及时了解受伤旅游者的数量和受伤的程度。

步骤二：分析判断、现场处理

（1）尽快组织旅游者逃生。本案例中导游员快速观察周围环境，尽快找到高处地带躲避，快速召集旅游者紧急往此处逃生。在大部分旅游者安全后，又不顾个人安危迅速寻找剩余的失散者，将大家集中在一起，相互帮助，共渡难关，确保了旅游团的安全。

（2）突然遇到海啸，旅游者难免惊慌失措，特别是在救援队迟迟不到的情况下，导游员要沉着冷静，遇事不慌，并及时安慰旅游者、鼓励旅游者。

（3）判断旅游者受伤情况，轻伤立即进行救助，重伤则需要进行初步救治，包括采取止血、包扎、固定等急救措施，尽量防止伤情的继续扩大。

（4）通信是否中断。如果通信未中断，则应立即报告旅行社及其他相关部门突发状况，请求支援。

（5）道路是否畅通。海啸会造成道路的破坏，为保证旅游者的安全可及时变更游览计划。

步骤三：后续服务

（1）有条件继续完成游览活动的，可按时完成，如果条件不允许，则安全返回。

（2）撰写书面报告，写清楚事件发生的原因、处理措施等。

（3）正确处理善后事宜。需要进行索赔时，应该按照旅游者与旅行社签署的合同或者协议的相关规定进行处理。

步骤四：做好预防

人的生命安全第一，旅游者的生命安全最重要。在曾经发生海啸的地区旅游，要密切关注天气变化，提前告知旅游者突遇海啸的处理办法：

（1）如果在海啸时不幸落水，要尽量抓住木板等漂浮物，同时注意避免与其他硬物碰撞。

（2）在水中尽量减少动作，能浮在水面随波漂流即可。这样既可以避免下沉，又能够减少体能的无谓消耗。

（3）如果海水温度偏低，不要脱衣服。

（4）尽量不要游泳，以防体内热量过快散失。

（5）不要喝海水。海水不仅不能解渴，反而会让人出现幻觉，导致精神失常甚至死亡。

（6）尽可能向其他落水者靠拢，既便于相互帮助和鼓励，又因为目标扩大更容易被救援人员发现。

（7）人在海水中长时间浸泡，热量散失会造成体温下降。溺水者被救上岸后，最好能放在温水里恢复体温，没有条件时也应尽量裹上被、毯、大衣等保温。注意不要采取局部加温或按摩的办法，更不能给落水者饮酒，饮酒只能使热量更快散失。可以给落水者适当喝一些糖水，从而补充体内的水分和能量。

（8）如果落水者受伤，应采取止血、包扎、固定等急救措施，重伤员则要及时送往医院救治。

（9）要记住及时清除落水者鼻腔、口腔和腹内的吸入物。

【知识链接】

1. 海啸的基本认知

海啸是一种具有强大破坏力的海浪。这种波浪运动引发的狂涛骇浪，汹涌澎湃，它卷起的海涛，波高可达数十米。这种“水墙”内含极大的能量，冲上陆地后所向披靡，往往造成对生命和财产的严重摧残。智利大海啸形成的波涛，移动了上万公里仍不减雄风，足见它的巨大威力。

海啸是一种灾难性的海浪，通常由震源在海底下50千米以内、里氏震级6.5以上的海底地震引起。水下或沿岸山崩或火山爆发也可能引起海啸。在一次震动之后，震荡波在海面上以不断扩大的圆圈，传播到很远的距离，正像卵石掉进浅池里产生的波一样。海啸波长比海洋的最大深度还要大，轨道运动在海底附近也不会受多大阻滞，不管海洋深度如何，波都可以传播过去。

2. 海啸发生前的现象

海底发生地震，如果造成海底地壳大范围大幅度沉降，就会引起大范围海水大幅度下沉，距离震中较近的沿海就会看到海水异常的暴退现象；如果地震造成海底地壳大范围大幅度隆起，就会引起大范围海水大量聚集，距离震中较近的沿海就会看到海水异常暴涨现象。

海水异常的暴退或暴涨，有几个异常的特征：海水退、涨的时间与平常的退潮、涨潮时间不一致；海水退、涨速度比平常的速度快得多；海水退、涨的幅度大，常能退到最低潮线以下，或涨到最高潮线以上。

海水暴退或暴涨现象在震后出现的时间，因各地距震中的远近不同而有所差异，有的紧随主震之后出现，有的在主震后10～20分钟出现。从海水暴退或暴涨现象出现到海啸登陆，间隔的时间也有长有短，短的仅有几分钟，长的可达到几十分钟。

海啸波是重力长波，波长可达100公里以上；它的传播速度等于重力加速度（9.8米/秒）与海水深度乘积的平方根，所以，海水越深，海啸波速度越快，海水越浅，海啸波速度越慢。当海啸波由远离海岸的深海区，进入海岸附近的浅海区后，波速便急剧降下来，后面的波速依然很快，后波就追上了前波，前后波相叠加，便使波浪的高度倍增，形成几米、甚至几十米高的巨浪。因此，在离海岸不远的浅海区深蓝色海面就会突然变成白色，并在其前方出现一道长长的明亮的水墙；位于浅海区的船只就会突然剧烈地上下颠簸起来；海面上也会响起巨大的、惊人的、可怕的咆哮声。4种前兆，是海啸临近的标志，是灾难预警信号，它警示人们：海啸即将登陆，要生存，就要赶快向高处逃跑，否则，长则十几分钟，短则几分钟，甚至只有几十秒，就会被巨浪吞没。

3．国际海啸预警系统

国际海啸预警系统是1965年开始启动的，此前的1964年阿拉斯加一带海域发生了里氏9.2级的地震，地震引起的巨大海啸袭击了大半个阿拉斯加。海啸发生后，美国国家海洋和大气局开始启动这一研究。后来，太平洋地震带的一些北美、亚洲、南美国家，太平洋上的一些岛屿国家、澳大利亚、新西兰，以及法国和俄罗斯等国都先后加入。主要任务是收集和传递发生在太平洋沿岸的海啸情报，必要时通过国家广播网和电视台向公众发布海啸警报。目前各国参加太平洋海啸警报网的验潮站有53个，地震台51个，承担整个太平洋的海底地震和海啸监测业务。我国于1983年正式成为国际海啸协调组的成员国，此后国家海洋局开始了我国海啸的预警业务。目前我国国家预报中心海啸预报产品包括：海啸传播到近岸各验潮站的时间预报、海啸波高度预报，以及大洋中海啸波传播时间图。目前能够实现越洋海啸30分钟预警、区域海啸20分钟预警、局地海啸15分钟预警。

任务三　泥石流的应对

任务说明

旅游团行程中遇到泥石流、滑坡多发区，导游员必须注意天气预报，若有连绵阴雨或大雨，要与旅行社或旅游者商量，对行程做必要的修改；暴雨刚停时，旅游团最好不要在

山区活动。如果是在旅游中突遇泥石流，导游员要积极发挥自己的聪明才智，沉着冷静地引导旅游者逃生。

活动目标

1. 掌握遇到泥石流发生时逃生的方法
2. 初步具备遇到泥石流时紧急应对的能力
3. 导游员要树立预防灾难发生的意识

活动案例

2009年7月23日凌晨1时许，四川康定县普降大到暴雨，两小时降雨量达56.1毫米。凌晨2时57分，暴雨致使当地发生特大泥石流灾害，冲毁响水沟大渡河切口处的长河坝水电站建设施工单位营地，形成长约500米、最大宽度约500米、平均堆积厚度约5米、总体积约40万立方米的堆积扇（成分泥石混杂，最大的一块孤石长12米、宽5米、厚3米、体积约180立方米），致使大渡河一度堵塞，出现堰塞湖险情。

此次灾害共造成18人死亡，36人失踪，4人受伤，141人被困；省道211线多处中断，3000米道路被淹没，1500米道路被冲毁；136间工棚、32台车辆、61台机具、80台设备被毁，冲走各类建筑物资1400吨。估算直接经济损失8000余万元。

活动步骤

步骤一：了解情况

在泥石流多发地区旅游，导游员要随时关注天气变化，观察周围情况变化，特别警惕远处传来的土石崩落、洪水咆哮等异常声响，留意是否听到远处山谷传来打雷般声响，泥石流携带巨石撞击产生的沉闷声音，明显不同于机车、风雨、雷电、爆破等声音。沟槽内断流和沟水变浑，可能是上游有滑坡活动进入沟床，或泥石流已发生并堵断沟槽。这些很可能是即将发生泥石流的征兆。

【小贴士】

泥石流是山区沟谷中，由暴雨、水雪融水等水源激发的，含有大量的泥沙、石块的特殊洪流。其特征是：往往突然暴发，浑浊的流体沿着陡峻的山沟前推后拥，奔腾咆哮而下，地面、山谷为之震动，声响犹如雷鸣。

步骤二：分析判断、现场处理

（1）泥石流发生时要快速观察泥石流滑落的方向，尽快组织旅游者逃生。要向与泥石流流向垂直的方向逃生。

1）在沟谷内逗留或活动时，一旦遭遇大雨、暴雨，要迅速转移到安全的高地，不要在低洼的谷底或陡峻的山坡下躲避、停留。

2）发现泥石流袭来时，要马上向沟岸两侧高处跑，爬得越高越好，跑得越快越好，千万不要顺沟方向往上游或下游跑。

3）暴雨停止后，不要急于返回沟内住地，应等待一段时间。

4）跑不出去时应躲在坚实的障碍物下。

5）到了安全地带，导游员立即召集旅游者集中在一起，等待救援。

（2）稳定旅游者情绪。突遇泥石流，大家都会惊慌失措，此时导游员要及时安抚旅游者情绪，自身保持冷静，不慌不乱，导游员是全团的核心和主导，他的准确判断能够使旅游者脱离险境。

(3) 判断旅游者受伤情况，轻伤立即进行救助，重伤则进行初步救治，尽量防止伤情的继续扩大。

(4) 通信是否畅通，与外界的联系是否中断。如果未中断，则应立即报告旅行社及其他相关部门突发状况，请求支援。

(5) 泥石流发生后道路是否畅通。泥石流滑落，会阻碍道路通行，是继续前行，还是按原路返回，需要导游员在关键时刻进行判断，最终目的是要尽快带领旅游者脱离险境。

(6) 突遇泥石流，旅游团可能被迫解散，各自逃生，如有可能导游员要强调集合的时间和地点。

步骤三：后续服务

(1) 立即将灾害发生的情况报告给当地相关政府部门。

(2) 撰写书面报告，写清楚事件发生的原因、处理措施等。

(3) 正确处理善后事宜。需要进行索赔时，应该按照旅游者与旅行社签署的合同或者协议的相关规定进行处理。

步骤四：做好预防

(1) 在旅游途中，雨季不要在沟谷中长时间停留。一旦听到上游传来异常声响，应迅速向两岸上坡方向逃离。雨季穿越沟谷时，先要仔细观察，确认安全后再快速通过。山区降雨普遍具有局部性特点，沟谷下游是晴天，沟谷上游不一定也是晴天，“一山分四季，十里不同天”就是群众对山区气候变化无常的生动描述。

(2) 导游人员必须注意天气预报，若有连绵阴雨或大雨，要与旅行社或旅游者商量，对行程做必要的修改。

(3) 对于泥石流多发地区，导游员要及时提醒，反复强调，如突遇泥石流，大家走散之后，要明确集合地点和时间。

任务四 飓风的应对

任务说明

在飓风、台风多发期旅行时，导游员应密切关注媒体有关飓风、台风的报道，及时采取预防措施。遇到危及旅游者人身、财产安全的紧急情况时，要灵活应变，在征求旅游者同意后，及时调整行程，并立即报告旅行社；遇到飓风，无法避免时，要沉着冷静，不擅离岗位，迅速采取应急措施，最大限度地保证旅游者的安全，将损失减少到最小。

活动目标

1. 掌握遇到飓风发生时逃生的方法及飓风发生前的预防措施
2. 初步具备遇到飓风时紧急应对的能力
3. 树立预防灾难发生的意识

活动案例

某日，某旅游团到澳大利亚凯恩斯进行旅游，之前当地媒体已大规模播报凯恩斯为本次热带风暴的“风眼”，且此次风暴为160年不遇。旅游团成员在旅途中并不知情，导游员也并未告知这个情况，而是继续前行。当时中国驻布里斯班总领事馆要求“立即采取措施撤离中国旅游者”，但旅行社并未满足旅游者当晚离开当地的要求。当晚飓风来时留守在酒店的旅游团成员都饱受惊吓。回国后此旅游团成员希望旅行社能道歉并进行相应经济赔偿。

活动步骤

步骤一：了解情况

导游员要及时关注天气预报及风暴来临前的各种预警。飓风来到前两三天的预兆：

（1）高云出现。飓风最外缘是卷云，呈白色羽毛状或马尾状。当此种云在某方向出现，并渐渐增厚而成为较密的卷层云时，该方向极可能有飓风正渐渐接近。

（2）雷雨停止。有些地方几乎每天下午都有雷雨发生，如果最近两三天雷雨突然停止，能见度转好，远处的景物清晰可见，即表示可能有飓风渐近。

（3）海、陆风不明显。平时白天风自海上吹向陆地，晚上风自陆地吹向海上，称为海风与陆风，但在飓风来临前的几天，海风和陆风会变得不明显。

（4）长浪。远处有飓风时，沿海会出现长浪。飓风渐渐接近，长浪也变大变高，撞击海岸山崖，发出吼声。

（5）特殊晚霞。飓风来袭的前两天，日落时，常在西方地平线下出现放射状红蓝相间的美丽光芒。

（6）气压降低。根据以上诸现象，如果再发现气压逐渐降低，飓风就要来临了。

（7）海面出现巨大的涌浪。涌浪是一种特殊的海浪，浪顶是圆的，浪头通常高一两米，看上去浑圆，声音沉重，节拍缓慢。

步骤二：分析判断、现场处理

（1）飓风来临时，采取以下自我保护措施：

1）飓风期间，尽量不要外出行走，倘若不得不外出，一定要穿上轻便防水的鞋子和颜色鲜艳、紧身合体的衣裤，把衣服扣扣好或用带子扎紧，以减少受风面积，并且要穿好雨衣，戴好雨帽，系紧帽带，或者戴上头盔。行走时，顺风时绝对不能跑，否则就会停不下来，甚至有被刮走的危险；要尽可能抓住墙角、栅栏、柱子或其他稳固的固定物行走；在建筑物密集的街道行走时，要特别注意落下物或飞来物，以免砸伤；走到拐弯处，要停下来观察一下再走，贸然行走很可能被刮起的飞来物击伤；经过狭窄的桥或高处时，最好伏下身爬行，否则极易被刮倒或落水。如果台风期间夹着暴雨，要注意路上水深，10岁以下儿童切不可在水中行走，应用盆或桶之类东西载着幼儿渡过水滩。万一不慎被刮入大海，应千方百计游回岸边，无法游回时也要尽可能寻找漂浮物，以待救援。

2）在野外旅游时，听到气象台发出飓风预报后，能离开飓风经过地区的要尽早离开，否则应储足罐头、饼干等食物和饮用水，并购足蜡烛、手电筒等照明用品。由于台风经过岛屿和海岸时破坏力最大，所以要尽可能远离海洋；在海边和河口低洼地区旅游时，应尽可能到远离海岸的坚固宾馆及台风庇护站躲避。

3）船舶在航行中遭遇台风袭击，应主动采取应急措施，及时与岸上有关部门联系，弄清船只与台风的相对位置。还应尽快动员船员将船只驶入避风港，封住船舱，如是帆船，要尽早放下船帆；如果是开车旅游，则应将车开到地下停车场或隐蔽处；如果住在帐篷里，则应收起帐篷，到坚固结实的房屋中避风；如果已经在结实房屋里，则应小心关好窗户，在窗玻璃上用胶布贴成“米”字图形，以防窗玻璃破碎。

(2) 判断旅游者是否有受伤情况，轻伤立即进行救助，重伤则需要及时送医院救治。

(3) 突遇飓风，大家难免会惊慌失措，导游员要及时安抚旅游者的情绪，自身保持冷静，不慌不乱。这时，导游员是全团的核心和主导，他的每一句话都起着举足轻重的作用。

(4) 飓风发生时通信是否畅通，与外界的联系是否中断。如果未中断，则应立即报告旅行社。飓风过后是否继续旅游，要与领队、旅行者进行商量后再做决定。

(5) 强飓风过后不久，一定要在房子里或原先的藏身处待着不动。因为飓风的“风眼”在上空掠过后，地面会风平浪静一段时间，但绝不能以为风暴已经结束。通常，这种平静持续不到1个小时，风就会从相反的方向以雷霆万钧之势再度横扫过来，如果是在户外躲避，那么此时就要转移到原来避风地的对侧。

步骤三：后续服务

(1) 此案例中旅行社诚恳道歉，并承担旅游者“额外食住等费用”。

(2) 正确处理善后事宜。需要进行索赔时，应该按照旅游者与旅行社签署的合同或者协议的相关规定进行处理。

(3) 导游员撰写书面报告，写清楚事件发生的原因、处理措施等。

步骤四：做好预防

(1) 气象台根据飓风可能产生的影响，在预报时采用“消息”“警报”和“紧急警报”三种形式向社会发布；同时，按飓风可能造成的影响程度，从轻到重向社会发布蓝、黄、橙、红4色台风预警信号。导游员应密切关注媒体有关台风的报道，不要去台风经过的地区旅游，更不要在台风影响期间到海滩游泳或驾船出海。

(2) 在飓风来临躲避时，要及时采取预防措施，准备好手电筒、收音机、食物、饮用水及常用药品等，以备急需。

学习单元三

案例拓展

某旅游团乘坐一艘豪华邮轮，开始了四晚五日的日韩两地观光之旅。按照事先约定的旅游行程，除了可以享受海上巡游，还将停靠韩国的济州岛、日本的福冈两地，进行岸上观光。不过，天公不作美，就在旅游团愉快地结束在济州岛的游玩，准备乘船去福冈时，导游告诉他们，海面上刮起了台风，邮轮无法停靠福冈，岸上行程只能取消。旅游团只好留在济州岛继续观光，登船后又在海上多“漂”了一段时间，大家很不尽兴。回国后，旅游团成员向市旅游行政执法支队投诉，认为旅行社没有协调好行程，导致他们的旅行十分不快，要求旅行社退还没有发生的费用，并索要赔偿。

❍ **专家解析**

台风是不可抗力，根据《旅游法》，因不可抗力影响旅游行程，导致合同解除的，组团社应当在扣除已向地接社或者履行辅助人支付且不可退还的费用后，将余款退还旅游者。因为邮轮没有停靠福冈码头，未产生的费用，旅行社应该退给旅游者。至于旅游团成员要求的赔偿费，由于旅行社并无过错，不予支持。

【知识链接】

1. 飓风

飓风，大西洋和北太平洋地区将强大而深厚（最大风速达32.7米/秒，风力为12级以上）的热带气旋称为飓风，也泛指狂风和任何热带气旋以及风力达12级的任何大风。飓风中心有一个风眼，风眼愈小，破坏力愈大，其意义和台风类似，只是产生地点不同。飓风和台风都是指风速达到33米/秒以上的热带气旋，只是因发生的地域不同，才有了不同名称。生成于西北太平洋和我国南海的强烈热带气旋被称为台风；生成于大西洋、加勒比海以及北太平洋东部的则称飓风；而生成于印度洋、阿拉伯海、孟加拉湾的则称为旋风。飓风在一天之内就能释放出惊人的能量。飓风与龙卷风也不能混淆。后者的时间很短暂，属于瞬间爆发，最长也不超过数小时。此外，龙卷风一般是伴随着飓风而产生。龙卷风最大的特征在于它出现时，往往有一个或数个如同“大象鼻子”样的漏斗状云柱，同时伴随狂风暴雨、雷电或冰雹。龙卷风经过水面时，能吸水上升形成水柱，然后同云相接，俗称“龙取水”。经过陆地时，常会卷倒房屋，甚至把人吸卷到空中。

飓风级别划分为：一级飓风：持续风速74～95英里/小时；二级飓风：持续风速96～110英里/小时；三级飓风：持续风速111～130英里/小时；四级飓风：持续风速131～155英里/小时；五级飓风：持续风速大于155英里/小时。

飓风产生于热带海洋的一个原因是因为温暖的海水是它的动力“燃料”，它一般伴随强风、暴雨，严重威胁人们的生命财产，对于民生、农业、经济等造成极大的冲击，是一种影响较大，危害严重的自然灾害。

2. IAG国际救援组织联盟

国际救援组织联盟是一个专门为商务休闲旅游者、涉外工人和跨国公司提供全球范围的医疗、旅行援助的单个救援公司的全球性联盟。目前，国际救援组织联盟的25个成员公司已经在46个国家设立了警报中心，拥有多语种操作人员和专业医疗人员，在全球范围内支持超过8700万人。国际救援组织联盟拥有专业的技术和资源，服务范围超过200个国家，使其区别于其他的救援服务提供者，每个成员公司带来地方特色的知识和资源，使国际救援组织联盟真正具备全球化特征，确保以其丰富的经验为客户提供最为优质和经济的服务。

3. 国际SOS

国际SOS是世界领先的提供医疗救援、国际医疗保健服务、安全服务和外包服务的机构。在全球范围内拥有26个报警中心、28家国际诊所和170多个边远地区安全和医疗设施，为不同行业的客户和会员提供服务。集团客户已达7700余家，包括了财富100强的82%和财富500强的63%。5000多名员工分布在全世界70多个国家，其中有35%是医疗专业人员。

4. 中国救援组织

从规模上讲，国内的救援组织分为大小两类，一类是有政府背景的大型公司，如环球医疗救援有限责任公司、民政部紧急救援促进中心下属的国宁公司等，小的救援公司就很多了，一般情况下这些小的救援公司只是与国外大型救援公司合作，作为国外大型救援公司在国内落地接洽的联络人，一般情况下仅服务于来华旅游的外国人。

附　　录

附录A　导游服务中突发事件的处理原则

国家旅游局2011年1月14日发布新版的《导游服务规范》（以下简称《规范》），规定了导游服务的要求和导游服务过程中若干问题的处理原则。适用于中华人民共和国境内旅行社导游员在接待旅游团（旅游者）过程中提供的服务，适用于出境旅游领队服务。现将《规范》中的附录A“旅游服务中若干问题的处理原则”摘录如下，以供同学们了解国家行业标准。

1.1　线路或日程变更

1.1.1　旅游团（者）要求变更计划行程

旅游过程中，旅游团（者）提出变更线路或日程的要求时，导游员原则上应婉拒，特殊情况应请示组团社核定。

如入境旅游者要求在全团旅行结束后延长在华时间，又不需要延长签证期限的，经请示接待社或组团社同意后，可同意延长，延长期间费用由本人自理。需要延长签证期限的，应经组团社同意并履行手续。如入境旅游全团持团体签证，个别旅游者需要延长或中途离团，应尽早办理分离签证，以免贻误全团出境。

1.1.2　客观原因需要变更计划行程

旅游过程中，因客观原因需要变更线路或日程时，导游员应向旅游团（者）做好解释工作，及时将旅游团（者）的意见反馈给组团社和接待社，并按照组团社或接待社的安排执行。

1.2　丢失证件或物品

当旅游者丢失证件或物品时，导游员应稳定旅游者的情绪，详细了解丢失情况，尽力协助寻找，同时报告组团社或接待社，协助旅游者向有关部门报案补办必要的手续。

1.3　丢失或损坏行李

当旅游者的行李丢失或损坏时，导游员应详细了解丢失或损坏情况，协助旅游者向承运人索赔。当难以找出责任者时，导游员应尽量协助当事人开具有关证明，以便向投保公司索赔，并视情况向有关部门报告。

1.4　旅游者伤病、病危或死亡

1.4.1　旅游者伤病

旅游者意外受伤或患病时，导游员应及时探视，如有需要，导游员应陪同患者前往医院就诊，并报告组团社和接待社。严禁导游员擅自给患者用药。

1.4.2　旅游者病危

旅游者病危时，导游员应立即协同患者亲友送病人去急救中心或医院抢救，或请医生前来抢救。患者如系某国际急救组织的投保者，导游员还应提醒领队及时与该组织的代理机构联系，并立即报告组团社和接待社。

在抢救过程中，导游员应：

a）要求患者亲友在场，并详细地记录患者患病前后的症状及治疗情况，尽量保留相关诊断证明副本；

b）随时向当地接待社反映情况并及时通知患者亲属；

c）如患者系外籍人士，通知患者所在国驻华使（领）馆；

d）妥善安排好旅游团其他旅游者的活动，地陪应继续带团旅行。

1.4.3 旅游者死亡

导游员应立即向接待社和组团社报告，由当地接待社按照国家有关规定做好善后工作，同时导游员应稳定其他旅游者的情绪，并继续做好旅游团的接待工作。

如系非正常死亡，导游员应注意保护现场并及时报告当地有关部门。

1.5 自然灾害及骚乱

当旅游团（者）遭遇火灾、自然灾害、社会骚乱等重大突发事件时，导游员应按以下原则处置：

a）以人为本，根据现场的条件，运用相关科学知识引导旅游团（者）开展自救和互救，及时带领团队脱离险境，全力保护旅游团（者）的生命和财物安全；

b）及时将事件发生的时间、地点、原因、经过等情况报告旅行社和相关部门，取得指导和帮助。

附录B　北京市旅游突发事件应急预案

1.1　概况

北京是全国的政治、经济、文化和交通中心。这里荟萃了中国灿烂的文化艺术，留下了包括6大世界文化遗产、7000余项文物古迹在内的名胜古迹和人文景观，处处蕴藏着浓郁的历史文化底蕴，彰显着古都风采。目前，全市共有星级饭店817家，等级旅游景区154家，旅行社844家。

旅游业是一项综合性很强且较敏感的产业，极易受到外部不可预测因素的影响。例如，自然界中的地震、水灾、火灾、异常恶劣气候等；经济领域中的世界性经济危机、主要客源国经济危机、外汇汇率波动、能源危机等；健康因素中的流行性疾病等，它们或对游人的生命安全构成严重威胁，或造成严重经济损失，或破坏旅游生态资源，或导致旅游者改变目的地，从而给旅游业带来巨大损害，甚至是致命的打击。因此，建立健全旅游突发事件应急预案势在必行。

1.2　目的

为了适应北京旅游行业特点和未来发展需要，提高政府有效预防和及时处置各类旅游突发事件的应急能力和管理水平，最大限度地保障旅游者和旅游经营者的生命财产安全，增强整体防范水平和抗风险能力，促进旅游业安全、有序、可持续发展，制定本预案。

1.3　原则

1.3.1　以人为本，救援第一。在处置旅游突发事件中以保障旅游者生命安全为根本目的，做好应对突发事件的各项准备工作，尽一切可能为旅游者提供救治、救援和救助。

1.3.2　统一领导，分级负责。在市政府和国家旅游局的统一领导下，建立以分类管理、分级负责、条块结合、属地管理为主的应急管理体制，实行行政领导负责制，充分发挥专业应急指挥机构和救援队伍的作用。

1.3.3　属地救护，就近处置。旅游突发事件发生后，由发生地区（县）政府负责相关应急救援工作，动员一切力量，力争在最短时间内将危害和损失降到最低程度。

1.3.4　及时报告，信息畅通。各级旅游行政管理部门接到旅游突发事件报告时，应在第一时间立即向上级主管部门及相关单位报告，或边救援边报告，及时处置并积极协助有关部门做好善后工作。

1.4　依据

《中华人民共和国突发事件应对法》《中华人民共和国安全生产法》《中华人民共和国传染病防治法》《突发公共卫生事件应急条例》《旅行社管理条例》《导游人员管理条例》《国家突发公共事件总体应急预案》《国家旅游局旅游突发公共事件应急预案》《北京市突发公共事件总体应急预案》《北京市旅游管理条例》《北京市安全生产条例》

1.5　适用范围

本预案适用于北京地区或本市旅行社组团外出游览而发生的各类旅游突发事件。

本预案指导全市的旅游突发事件应对工作。

1.6　旅游突发事件分类

旅游突发事件主要分为以下五类：

1.6.1　自然灾害导致的游客伤亡及财产损失事件。包括：气象灾害、地震灾害、地质灾害、水旱灾害、海洋灾害等。

1.6.2　事故灾难导致的游客伤亡及财产损失事件。包括：火灾事故、交通客运事故、公共设施设备事故、环境污染和生态破坏事件等。

1.6.3　公共卫生事件导致的游客伤亡事件。包括：传染病疫情、群体性不明原因疾病、重大食物中毒以及其他严重影响旅游者健康和生命安全的事件等。

1.6.4　社会安全事件导致的游客伤亡事件。包括：重大涉外旅游突发事件、港澳台和外国游客伤亡事件、旅游节庆活动中发生的人员伤亡事件等。

1.6.5　上述突发事件导致的游客滞留时间过长、投诉或上访人数过多、影响较大的其他事件。

1.7　旅游突发事件分级

各类旅游突发事件按照其性质、严重程度、可控性和影响范围等因素分为重大（Ⅰ级）、较大（Ⅱ级）、一般（Ⅲ级）三级。

1.7.1　重大（Ⅰ级）指一次突发事件造成旅游者10人以上重伤或5人以上死亡，或一次造成50人以上严重食物中毒或5人以上中毒死亡的。

1.7.2　较大（Ⅱ级）指一次突发事件造成旅游者5至9人重伤或1至4人死亡，或一次造成20至49人严重食物中毒或1至4人中毒死亡的。

1.7.3　一般（Ⅲ级）指一次突发事件造成旅游者1至4人重伤，或一次造成19人以下食物中毒的。

2．指挥、办事机构及其职责

2.1　指挥机构及其职责

2.1.1　指挥机构

2.1.1.1　北京市旅游局设立旅游突发事件应急协调小组，市旅游局局长任组长，主管安全工作的副局长任常务副组长，其他副局长任副组长。

2.1.1.2　必要时，在应急协调小组的基础上组建北京市旅游突发事件临时应急指挥部。临时应急指挥部由市领导、市旅游局及各相关委办局组成，市政府分管副市长或副秘书长任总指挥，负责北京市旅游突发事件临时应急指挥部的领导工作，对本市旅游突发事件应急处置工作实施统一指挥；市旅游局局长任副总指挥，负责协助总指挥做好旅游突发事件应急处置工作，协调各成员单位，监督检查责任制落实情况。

2.1.2　工作职责

2.1.2.1　北京市旅游局旅游突发事件应急协调小组，负责研究制定全市旅游突发事件的重大决策和指导意见；审定、修订市和区（县）旅游突发事件应急预案；组织指挥、处置旅游突发事件；指导各区（县）旅游突发事件应急协调领导小组开展较大、一般旅游突发事件的相关应对工作；分析、总结全市年度应对旅游突发事件工作；承办市应急办交办的其他事项；决定本预案的启动和终止。

2.1.2.2　北京市旅游突发事件临时应急指挥部，负责指挥本市重大、较大旅游突发事件的具体应对工作；决定旅游突发事件的处置办法和应对措施；指挥、协调与市政府、各委办局、区（县）政府及其他有关部门、单位组织实施应对措施，并监督检查落实情况。

2.1.2.3　成员单位及职责

市旅游局：负责牵头落实旅游突发事件的预警机制、处置措施和信息沟通。

市委宣传部：负责旅游突发事件的对外新闻发布工作。

市民委：协助处理因民族宗教问题引发的旅游突发事件。

市公安局：负责旅游突发事件现场的治安秩序维护工作。

市民政局：协调做好旅游突发事件中死亡人员遗体处理、殡葬等相关工作。

市财政局：负责旅游突发事件应急处置资金的筹集、保障与监督工作。

市交通委：负责在旅游突发事件中组织协调有关部门做好本市道路、公路、桥梁的抢修与恢复工作；负责在旅游突发事件中组织协调有关部门做好交通运输保障工作。

市卫生局：负责提供突发公共卫生事件相关信息，组织医疗卫生单位对旅游突发事件中伤病人员开展紧急医疗救援。

市工商局：协助做好对旅游市场交易行为的监管执法，保护消费者合法权益。

市质量技术监督局：负责对各类旅游场所各种设备的安全监察及检验检测，参加相关特种设备事故的调查工作。

市园林绿化局：负责对公园等场所内的游乐设施加强管理。

市安全生产监督管理局：负责依法组织对本市旅游行业生产安全事故的调查处理工作。

市政府外办：负责协助协调小组办公室开展旅游突发事件应急处理中涉及外籍和港澳在京人员、机构的相关工作；按照有关规定，负责协助市委宣传部确定对外新闻发布口径，协助处理涉及外国及港澳记者应对的相关工作。

市信访办：负责提供涉及旅游突发事件的上访信息，协助处置因旅游突发事件引起的群体性上访事件。

市气象局：负责提供陆地和水上旅游气象预报信息，协助做好旅游突发事件处置的气象信息保障工作。

市消防局：负责对涉及消防的旅游突发事件的救援抢险和事故调查处理工作。

本市事发地区（县）政府：负责做好属地救援、安抚及相关善后工作。

2.2　办事机构及其职责

2.2.1　办事机构

北京市旅游突发事件应急协调小组下设办公室，由综合与安全管理处处长任办公室主任。北京市旅游突发事件临时应急指挥部下设办公室，由市旅游局主管安全工作的副局长兼任办公室主任，综合与安全管理处处长任副主任。两办公室合署办公，办事机构设在市旅游局综合与安全管理处，并根据北京市旅游突发事件应急响应，在北京市旅游突发事件应急协调小组或北京市旅游突发事件临时应急指挥部启动时，两办公室相应进入工作状态。

两办公室下设五个工作组：一是大型旅游活动组，由市旅游局旅游促进一处处长和旅游促进二处处长任组长；二是住宿单位组，由市旅游局饭店餐饮管理处处长任组长；三是旅游景区组，由市旅游局综合与安全管理处处长任组长；四是旅行社组，由市旅游局旅行社管理处处长任组长；五是后续事务处理组，由市旅游局办公室主任、政策法规处处长任组长，成员包括市旅游局人事教育处处长、市旅游局执法大队队长、市旅游局质监所所长。

2.2.2 工作职责

2.2.2.1 北京市旅游突发事件应急协调小组办公室（北京市旅游突发事件临时应急指挥部办公室），负责组织落实北京市旅游突发事件应急协调小组（北京市旅游突发事件临时应急指挥部）的决定，协助做好旅游突发事件的应对工作，具体协调相关成员单位及部门；负责了解、提供相关旅游突发事件信息，督促相关小组落实任务；负责组织起草、修订《北京市旅游突发事件应急预案》，指导各区（县）旅游局制订（修订）本级应急预案；负责组织、指导旅游突发事件应急预案的演练；负责组织旅游突发事件应急预案的宣传教育和培训工作；承担北京市旅游突发事件应急协调小组（北京市旅游突发事件临时应急指挥部）办公室的日常工作；完成北京市旅游突发事件应急协调小组（北京市旅游突发事件临时应急指挥部）交办的其他事项。

2.2.2.2 五个工作组的职责

大型旅游活动组：负责协助北京市旅游突发事件应急协调小组（北京市旅游突发事件临时应急指挥部）办公室做好各项大型活动突发事件的处置工作；追踪了解、提供、上报大型活动突发事件信息；追踪做好大型活动事故相关人员的安抚工作；督促相关部门做好善后处理工作，提交事故整改报告，完成北京市旅游突发事件应急协调小组（北京市旅游突发事件临时应急指挥部）交办的其他事项。

住宿单位组：负责协助北京市旅游突发事件应急协调小组（北京市旅游突发事件临时应急指挥部）办公室做好全市住宿单位突发事件的处置工作；追踪了解、提供、上报相关旅游突发事件信息；督促相关企业做好住宿、用餐游客的安抚工作；负责督促住宿单位做好各项善后处理工作，提交事故整改报告；完成北京市旅游突发事件应急协调小组（北京市旅游突发事件临时应急指挥部）交办的其他事项。

旅游景区组：负责协助北京市旅游突发事件应急协调小组（北京市旅游突发事件临时应急指挥部）办公室做好全市等级旅游景区突发事件的处置工作；追踪了解、提供、上报相关旅游突发事件信息；督促相关企业做好安抚及善后处理工作，提交事故整改报告；完成北京市旅游突发事件应急协调小组（北京市旅游突发事件临时应急指挥部）交办的其他事项。

旅行社组：负责协助北京市旅游突发事件应急协调小组（北京市旅游突发事件临时应急指挥部）办公室做好北京地区旅行社组团或地接时发生突发事件的处置工作；追踪了解、提供、上报相关旅游突发事件信息；督促旅行社做好中、外游客的安抚及善后处理工作，提交事故整改报告；完成北京市旅游突发事件应急协调小组（北京市旅游突发事件临时应急指挥部）交办的其他事项。

后续事务处理组：负责旅游突发事件处置所涉及信息上报和行政执法监督工作，就相关事项与市政府法制办、检察院、法院等部门进行联系及工作协调；负责对违规经营、超范围经营等管理原因引发突发事件的旅游企业依法进行行政处罚；负责因处置旅游突发事件而引发的行政复议、行政赔偿案件和行政诉讼的应诉代理工作；完成北京市旅游突发事件应急协调小组（北京市旅游突发事件临时应急指挥部）交办的其他事项。

3．预警

3.1 预警分级

根据突发公共事件即将造成的危害程度、发展情况和紧迫性等因素，由低到高划分为四个预警级别，即一般、较重、严重和特别严重，并依次采用蓝色（提供相关信息）、黄色（提示注意事项）、橙色（劝告不要前往）和红色（警告不要前往）加以表示。法律、法规对其他突发公共事件的预警级别另有规定的，从其规定。

市旅游局根据有关规定，对旅游突发事件预警级别进行研判，橙色以上预警需报市政府进行研判。

市旅游局在进行研判的过程中应征求有关专家的意见，并且参考国内外以往旅游危机预警及处理案例，力求进行准确的预警。

市旅游局会同各区（县）旅游危机预警工作机构及时、持续地跟踪旅游危机的发展和演变，及时做好对旅游预警工作得失的记录和备案，不断摸索和改进旅游危机识别模式、预警机制和预警手段。

3.2　预警发布

旅游突发事件预警发布的内容包括旅游突发事件的类别、预警级别、区域或场所、时间、影响范围及应对措施等。主要发布途径有电视台、广播、报纸、短消息、各类公共显示屏等公共媒体；对特殊人群、特殊场所应当采取针对性的告知方式，必要时，旅行社、旅游景区、宾馆饭店等旅游企业要对本企业接待的相关游客进行告知。

蓝色预警，由北京市旅游突发事件应急协调小组或区（县）政府发布，并报市应急办备案。

黄色预警，由北京市旅游突发事件应急协调小组或区（县）政府发布，并报市应急办备案。

橙色预警，由北京市旅游突发事件应急协调小组提出预警发布建议，报市应急办，经市应急办主要领导批准后由市应急办或授权北京市旅游突发事件应急协调小组发布。

红色预警，由北京市旅游突发事件应急协调小组提出预警发布建议，报市应急办，经市应急办主要领导批准后由市应急办或授权北京市旅游突发事件应急协调小组发布。

3.3　预警响应

3.3.1　当预警级别为一般时，各级旅游应急机构应密切关注。

3.3.2　当预警级别为较重时，各级旅游应急机构应密切关注相关动态，或采取相关保障措施。

3.3.3　当预警级别为严重时，各级旅游应急机构及应急指挥部的相关职能部门应高度关注相关动态，并做好应急准备或采取应急措施。

3.3.4　当预警级别为特别严重时，各级旅游应急机构及应急指挥部的相关职能部门应高度关注相关动态，各级旅游行政管理部门启动相应级别的应急预案。

根据预警级别和实际需要应采取以下措施：及时向社会宣传旅游突发事件应急预防常识和安全提示；转移、撤离或者疏散容易受到突发旅游事件危害的游客和财产，并进行妥善安置；各类应急救援队伍和人员进入待命状态；调集所需物资和设备；采取法律、法规、规章规定的其他措施。

3.4　预警解除

蓝色预警，由北京市旅游突发事件应急协调小组或区（县）政府解除预警，并报市应急办备案。

黄色预警，由北京市旅游突发事件应急协调小组或区（县）政府解除预警，并报市应急办备案。

橙色预警，由北京市旅游突发事件应急协调小组提出预警解除建议，报市应急办，经市应急办主要领导批准后由市应急办或授权北京市旅游突发事件应急协调小组解除预警。

红色预警，由北京市旅游突发事件应急协调小组提出预警解除建议，报市应急办，经市应急办主要领导批准后由市应急办或授权北京市旅游突发事件应急协调小组解除预警。

4．应急响应

在实施应急响应时，按照自下而上的原则，各旅游企事业单位、区（县）旅游应急机构、北京市旅游突发事件应急协调小组（北京市旅游突发事件临时应急指挥部）根据各类旅游突发事件的性质、严重程度、影响范围等因素决定是否启动相应级别的分级响应，启动应急响应的同时，应向上一级报告。

4.1　基本响应

当确认旅游突发事件即将发生或已经发生并造成人员伤亡时，事发地旅游行政管理部门及旅游企事业单位应立即启动相关应急机制，做出应急响应，开展先期处置工作。

4.2　分级响应

4.2.1　Ⅳ级响应

北京市旅游突发事件应急协调小组启动应急通信联络，保持信息通畅，掌握事态发展趋势，协调采取相应措施；必要时有关部门负责同志赶赴事发地进行指导和督查。

区（县）旅游应急机构相应启动应急预案，相关领导到事发现场组织协调救援，对现场实施动态监测和采取必要的安全防护措施，视情向公众发出提示或避险警告，并采取其他必要的处置措施。

相关旅游企事业单位应急机构相应启动应急预案，主要负责人赶赴事发现场组织实施紧急疏散和救援，组织开展自救互救，妥善安置受影响游客，并采取其他必要的处置措施。

4.2.2　Ⅲ级响应

北京市旅游突发事件应急协调小组（北京市旅游突发事件临时应急指挥部）启动应急通信联络，随时掌握事态发展趋势，协调采取相应措施；相关领导赶赴事发地进行指导和督查，并统筹协调处置力量和抢险救援物资；视情向公众发出提示或避险警告，通报事件影响或可能影响到的其他区（县）旅游应急机构。

区（县）旅游应急机构立即启动应急预案，主要领导立即到达事发现场组织协调救援；调集救援所急需的物资和设备，迅速采取必要的安全防护措施；组织协调转移、撤离或者疏散受到突发事件危害的游客和财产，并进行妥善安置；及时向公众发出提示或避险警告，并采取其他必要的处置措施。

相关旅游企事业单位应急机构立即启动应急预案，主要负责人迅速到达事发现场组织实施紧急疏散和救援行动，开展自救互救，妥善安置受影响游客，并采取其他必要的处置措施。

4.2.3　Ⅰ级或Ⅱ级响应

北京市旅游突发事件应急协调小组（北京市旅游突发事件临时应急指挥部）迅速启动并建立应急通信联络，跟踪掌握事态发展趋势，立即协调采取相应措施；相关领导赶赴事发地进行指导和督查，必要时，派出工作组和专家组到事发地现场进行指导；统筹协调处置力量和抢险救援物资；及时通报事件影响或可能影响的其他区（县）旅游应急机构，组织、协调相关委办局参与旅游突发事件的处置工作。

区（县）旅游应急机构立即启动应急预案，区（县）领导立即到达事发现场组织协调进行救援；调集救援所需物资和设备，并迅速采取必要的安全防护措施，防止次生灾害的发生；组织协调转移、撤离或者疏散受到突发事件危害的游客和财产，进行妥善安置，并采取其他必要的处置措施。

相关旅游企事业单位应急机构立即启动应急预案，主要负责人迅速到达事发现场组织实施紧急疏散和救援行动，组织开展自救互救，妥善安置受影响游客，并采取其他必要的处置措施。

4.3 分类响应

4.3.1 在本市辖区内发生旅游突发事件，事发单位立即启动救援预案，在第一时间向北京市旅游突发事件应急协调小组（北京市旅游突发事件临时应急指挥部）办公室报告情况，非工作日向市旅游局值班室报告情况。北京市旅游突发事件应急协调小组（北京市旅游突发事件临时应急指挥部）接报后决定是否启动应急预案，并按规定程序及时上报市应急办和国家旅游局。同时根据实际情况，北京市旅游突发事件应急协调小组（北京市旅游突发事件临时应急指挥部）相关领导及相关负责人应立即赶赴现场，做好组织协调、信息掌握等相关工作。事发所在地区（县）旅游应急机构应启动相应的应急救援预案，在区（县）人民政府领导下，进行具体响应，参与并协调相关部门及单位及时采取应急救援措施。

4.3.2 在本市辖区外发生涉及北京地区旅行社组团游览的旅游突发事件时，北京地区组团社在启动救援预案的同时，应立即向北京市旅游突发事件应急协调小组（北京市旅游突发事件临时应急指挥部）办公室报告情况，非工作日向市旅游局值班室报告情况。办公室接报后，迅速向北京市旅游突发事件应急协调小组（北京市旅游突发事件临时应急指挥部）报告情况，相应启动应急预案，按规定程序及时上报市应急办和国家旅游局。必要时，由北京市旅游突发事件应急协调小组（北京市旅游突发事件临时应急指挥部）决定指派相关人员赶赴现场，并在当地政府和旅游部门的配合下，及时采取应急处置措施。

4.3.3 处置外国旅游者重大伤亡事故时，除按照以上程序启动应急救援预案外，还应通过外事机构通知相关国家驻华使（领）馆和组团单位，为前来了解、处理事故的外国使（领）馆人员、组团单位及伤亡者家属提供方便；与有关部门协调，为国际救援组织前来参与对在国外投保的旅游者（团）的伤亡处理提供方便；对在华死亡的外国旅游者，严格按照外交部《外国人在华死亡后的处理程序》进行处置，并按照国家有关保险规定妥善处理外国旅游者的赔偿等事宜。

5．信息报告与发布

5.1 信息报告

旅游突发事件发生后，现场有关人员应立即向本单位和当地旅游行政管理部门报告。

5.1.1 发生Ⅳ级和Ⅲ级旅游突发事件，区（县）旅游局在接到报告后，应立即向本区（县）人民政府报告；并在1小时内报告北京市旅游突发事件应急协调小组（北京市旅游突发事件临时应急指挥部）办公室。

5.1.2 发生较大（Ⅱ级）旅游突发事件，区（县）旅游局在接到报告后应立即报告区（县）人民政府、市旅游、公安等有关行政管理部门，并于2小时后再次报告；发生重大（Ⅰ级）旅游突发事件，应立即报告市旅游、公安等有关行政管理部门，视事故处置情况随时再报。市旅游局在接到报告后，对较大（Ⅱ级）以上旅游突发事件，应立即将有关情况上报市应急办和国家旅游局，并在事件处理完毕后，及时做出完整的书面报告。

5.1.3　对于事件本身比较敏感或发生在敏感地区、敏感时间的旅游突发事件，或可能演化为重大突发公共事件的信息，不受事件分级标准的限制，应立即上报，北京市旅游应急协调小组办公室接报后按规定程序迅速报告市应急办和国家旅游局。

5.2　信息发布

5.2.1　旅游突发事件的信息发布工作，应严格按照相关法律法规以及《北京市突发公共事件新闻发布应急预案》的相关规定执行。

5.2.2　一般旅游突发事件信息，由北京市旅游突发事件应急协调小组或属地区（县）政府，统一组织信息发布；较大以上旅游突发事件信息，在北京市突发公共事件新闻发布工作协调小组的领导下，由北京市旅游突发事件应急协调小组（北京市旅游突发事件临时应急指挥部）成立新闻发布工作组，指派专人负责信息发布工作，起草新闻稿和灾情公告，及时、准确地报道旅游突发事件信息，正确引导舆论导向。

5.2.3　对于可能产生国际影响的旅游突发事件，对外报道工作应在国家旅游局、市委宣传部、市应急办、市外宣办、市政府外办的共同组织下实施。

6．各区（县）实行属地管理

6.1　根据本预案，各区（县）应建立健全旅游突发事件应急机构；指导各旅游企事业单位建立健全旅游突发事件应急机构及应急机制。

6.2　各区（县）应根据本区（县）旅游安全管理工作的实际，在区（县）党委、政府的领导下，制定本级旅游突发事件应急预案，建立联动机制，形成完整、健全的旅游救援体系，确保在发生旅游突发事件时，能够迅速启动应急预案，熟练应对和处置，并力争在最短时间内将危害和损失降到最低程度。

6.3　各区（县）负责组织处置发生在本区（县）的一般旅游突发事件，并协助处置涉及本区（县）的较大、重大旅游突发事件。

7．后期处置

7.1　善后工作

各级旅游应急机构和相关企事业单位负责旅游突发事件的善后处置工作，恢复正常旅游秩序。

7.2　调查与评估

各级旅游应急机构会同事发地政府或相关部门、相关企事业单位对突发事件的起因、性质、影响、责任等进行调查评估，总结经验教训，并提出改进措施和建议。

8．宣传教育、培训及演练

8.1　宣传教育

各级旅游行政管理部门应充分利用新闻媒体（含互联网）开展旅游突发公共事件常识的宣传教育，并公布应急救援电话；加强对旅游者的应急预防常识教育和安全提示，努力提高广大旅游者自我保护意识和应急处置能力。市、区（县）旅游行政管理部门、相关部门和各类旅游企事业单位应利用各种形式广泛宣传旅游突发事件的预防、预警、避险、自救、互救等常识。

8.2 培训及演练

各级旅游行政管理部门、旅游经营者要主动做好公众旅游安全知识、救助知识的宣传教育工作，不断提高全市旅游行业及旅游者预防、处置旅游突发事件的能力。市旅游局及各区（县）旅游局要围绕旅游突发事件应急预案，加强对工作人员的培训和演练，做到熟悉相关应急预案和程序，了解有关应急救援力量，保持信息畅通，保证各级响应的相互衔接与协调。各旅游企事业单位要结合本单位实际，定期开展安全风险评估，不断完善应急预案并抓好应急预案的演练，使所属人员反应快、程序清、职责明、处置快，切实提高本单位处置旅游突发事件的能力。

9．预案管理

9.1 预案制定

本预案由北京市旅游局负责制定并解释。

各旅游企事业单位本级预案应报区（县）旅游行政管理部门或市旅游局备案，各区（县）旅游局本级预案应报市旅游局备案。

9.2 预案审核

本预案由市应急办组织审核并备案；各区（县）旅游突发事件应急预案由本区（县）应急办组织审核并备案。

9.3 预案修订

根据实际情况的变化，适时对本预案进行修订。

9.4 预案实施

本预案自发布之日起实施。

附件1：

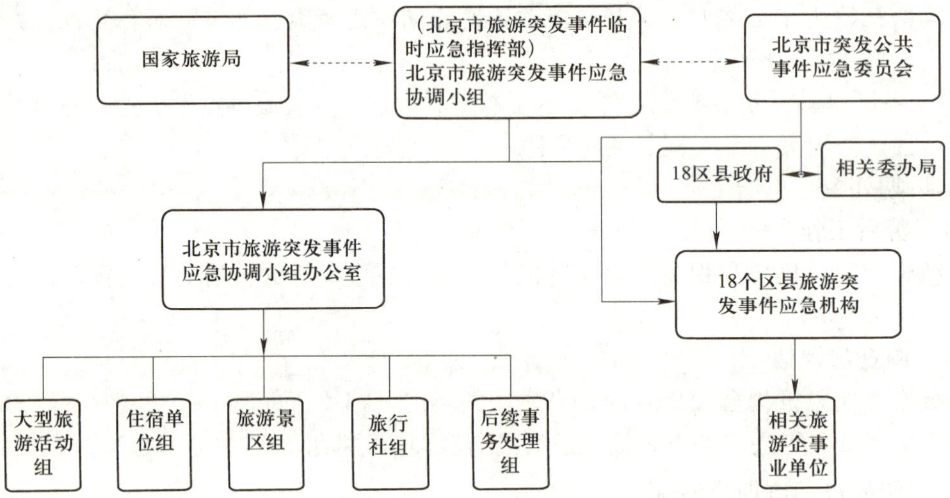